Vida de
São Luís Maria Grignion de
Montfort

Pe. HUMBERTO JONGEN, S.M.M.

Vida de
São Luís Maria Grignion de
Montfort

EDITORA
SANTUÁRIO

Direção editorial: Pe. Fábio Evaristo Resende Silva, C.Ss.R.
Coordenação editorial: Ana Lúcia de Castro Leite
Copidesque: Manuela Ruybal
Revisão: Luana Galvão
Diagramação: Bruno Olivoto
Capa: Mauricio Pereira

**Dados Internacionais de Catalogação na Publicação (CIP)
(Câmara Brasileira do Livro, SP, Brasil)**

Jongen, Humberto
    Vida de São Luís Maria Grignion de Montfort: um homem livre / Humberto Jongen. – Aparecida, SP: Editora Santuário, 1992.

    ISBN 85-7200-108-5

    1. Montfort, Luís Maria Grignion de, Santo, 1673-1716 I. Título.

92-1966   CDD-282.092

Índices para catálogo sistemático:
    1. Santos: Igreja Católica: Biografia e obra 282.092

Centro de Difusão da Espiritualidade Monfortina
Caixa Postal 5
35931-971
João Monlevade – MG

8ª impressão

Todos os direitos reservados à **EDITORA SANTUÁRIO** – 2020

Rua Pe. Claro Monteiro, 342 – 12570-000 – Aparecida-SP
Tel.: 12 3104-2000 – Televendas: 0800 - 0 16 00 04
www.editorasantuario.com.br
vendas@editorasantuario.com.br

PALAVRAS INICIAIS

São Luís Maria de Montfort,
um homem nascido na rocha.

Surge uma nova edição de *Vida de São Luís Maria Grignion de Montfort*. Trata-se da biografia escrita pelo saudoso *padre Humberto Jongen*, missionário monfortino, que dedicou a maior parte de sua vida em terras brasileiras; partiu para a casa do Pai, mas deixou esta obra, na qual apresenta os traços da vida de São Luís de Montfort que mais marcaram sua vida.

São muitas as biografias de nosso santo missionário; algumas históricas e famosas, como as de Grandet, Blain, Besnard e outras. Algumas carregadas de detalhes da vida de nosso santo como a de Benedetta Papasogli ou a de padre Rey Mermet, ou conjugando a história da época com os acontecimentos de nosso fundador, como a do padre Eugenio Falsina.

Este escrito do padre Humberto Jongen conseguiu colocar um pouco de tudo da vida de Montfort numa linguagem simples e atraente. Mais que uma sequência de acontecimentos, formando um "ramalhete", trata-se de um compêndio dos momentos mais significativos da vida de um santo que deu novo rumo à espiritualidade mariana, à compreensão da cruz em nossas vidas e que nos despertou para a missão itinerante.

Que a leitura desta biografia nos ajude a viver com intensidade nossa vocação cristã, missionária e mariana. A edição é um presente para todos nós, que festejamos o ano da Misericórdia, dos 50 anos de presença dos Missionários Monfortinos no Brasil e dos 300 anos da morte de São Luís Maria de Montfort.

Pe. Luiz Augusto Stefani, smm
Superior Delegado
Delegação Geral Peru-Brasil

Lima, 6 de março de 2016

APRESENTAÇÃO

Ao publicar-se um novo livro sobre a vida de um santo, a pergunta que nos aflora à mente é se tal tipo de literatura ainda se aceita neste exigente e desconfiado século. Não seriam os santos homens esquisitos, inimitáveis, que já não se aceitam e em que se não acreditam hoje? Um pouco na linha da ironia de Bernanos em *O Pároco de Aldeia:* "Deus nos livre dos reformadores". E quando fazem ver ao cura que os santos muitas vezes o foram, ele replica: "Deus nos livre também dos santos!..."

Não. A santidade é a vida de amor de Deus levada a sério. Portanto levada até o extremo. No fundo, a santidade é a radicalização, ideia-força, brotada do Evangelho. Ela – a santidade – tem assim um valor intrínseco, quase apologético, de conversão. Quem não se comove ao ler a vida de pureza e o relato da morte de Maria Goretti? Ou o encanto translúcido da *História de uma alma*, de Santa Terezinha? Ainda hoje a vida de João da Cruz, escolhendo – como ele mesmo diz – "sofrer e padecer por vosso amor, Senhor", é alguma coisa de forte que nos abala por dentro. A simplicidade, a lhaneza e a bondade de João XXIII tocam a sensibilidade do homem moderno.

A santidade tem seus seguidores. A vida dos santos encontra felizmente hoje, como ontem, seus leitores.

Surge assim, entre nós, esta obra do Pe. Humberto Jongen, membro da Congregação dos Padres Monfortinos – *"São Luís Maria Grignion de Montfort"*. Em linguagem clara e atraente – nem é preciso dizer que o Autor é jornalista, pois o estilo trai o homem... –, o pequeno livro nos introduz no coração do Santo. Ele teve dois grandes amores: *Maria Santíssima e os pobres*. E são esses dois grandes amores que fazem de São Luís Maria um santo atual.

De fato, este é o momento de Maria na vida da Igreja. Aquela a cujo Coração Pio XII consagrou o mundo; Aquela que deu à humanidade em Fátima a mensagem da salvação: rezar e fazer penitência, isto é, converter-se; Aquela a quem o Concílio Ecumênico consagra todo um capítulo do principal documento, que é a constituição *Lumen Gentium*; Aquela que vem hoje invocada com o título tão lindo e tão rico de *"Mãe da Igreja"* tem de ser mais conhecida, mais amada, mais imitada pelos homens de nossos dias. E Montfort nos vem ensinar, como apóstolo e arauto da Mãe de Deus, a viver este momento privilegiado de Maria.

APRESENTAÇÃO

Esta é também a hora em que a Igreja se sensibilizou, de maneira especial, pela pobreza. Primeiro, despojou-se. Depois, começou a viver mais perto dos prediletos do Coração de Deus. Vejam-se os programas pastorais prioritários da Igreja do Estado e da Arquidiocese de São Paulo. É uma Igreja voltada afetiva e efetivamente para o pobre. Pois é neste instante que nos surge diante dos olhos a figura de São Luís de Montfort para nos incitar com o seu exemplo a vivermos esta predileção abençoada do Evangelho: o amor pelos irmãos mais pequeninos.

O livro é oportuno, porque a vida que relata se engaja no momento histórico em que vivemos.

Anos atrás tive a alegria e a honra de apresentar este livro do Padre Humberto Jongen. Minha esperança nesta edição é a mesma: que estas páginas sirvam de leitura proveitosa aos que desejam crescer na santidade, contemplando concretamente a vida de um homem de Deus. Sirvam sobretudo aos padres atuais e porvindouros, que todos fomos ou somos formados na escola marial de Grignion de Montfort. Sirvam por fim aos jovens de nossa Igreja que hoje buscam com avidez a força do heroísmo nos exemplos sadios e autênticos.

Aquela que o Poeta chamou "di speranza fontana vivace" – viva fonte de esperança – abençoe o Autor e os leitores, por ser "Senhora tão grande, que tanto pode e tanto vale" (Paraíso, XXXIII).

Uberaba, 12 de outubro, festa de N.S. Aparecida, de 1991.

† Benedito de Ulhoa Vieira
Arcebispo de Uberaba

PREFÁCIO

Aqui está uma biografia de São Luís Maria Grignion de Montfort. Não é uma biografia completa. São alguns fatos que iluminam alguns traços mais marcantes da personalidade do santo.

Não é uma biografia crítica e sim um extrato de "Vidas", escrito alguns anos após a morte de Montfort. Os autores, cheios de admiração para com seu herói, eram naturalmente tentados a acender a luz e a esquecer as sombras que fazem parte de toda vida humana.

Assim, as aparições de Nossa Senhora, os milagres atribuídos a Montfort não são dogmas de fé! Mostram, no entanto, a elevada ideia que faziam seus contemporâneos de sua santidade.

Luís Maria de Montfort não é um desses santos simpáticos à primeira vista, como Francisco de Assis, Francisco de Sales ou Vicente de Paulo. Parece um pouco rude em suas ações. Enérgico no apostolado. Um homem de contrastes. Se muitos o chamavam "árvore brotada na rocha", os pobres do Hospital de Poitiers, por sua vez, chamavam-no de "bom padre de Montfort"; mas uma de suas grandes características é a de caminhante, como nos diz Benedetta Papásogli:

> Montfort foi um grande caminhante: os primeiros biógrafos descrevem-no como devorador de caminhos com passos rápidos. Quem soma suas peregrinações a Chartres, Saumur, Roma, Mont-Saint-Michel e os caminhos que percorreu entre Rennes, Paris, Poitiers, Rouen, Nantes, La Rochelle e pelas 200 paróquias do Oeste da França chega sem dificuldades a um total de 10.000 km.

Por isso a gente não fica surpreso ao encontrar com frequência em seus escritos o termo *"caminho"*:

> A consagração a Maria é um caminho fácil, curto, perfeito e seguro para chegar a Jesus Cristo; o caminho do mundo é caminho longo, enfeitado de flores. Maria dilata o seu coração para que possa caminhar para Deus sem se desanimar[1].

Essa mesma característica de homem caminhante, de missionário, encontramos em alguns trechos de sua oração pedindo missionários: "O que vos peço? Homens livres... como nuvens que, sem nada que os detenha, voem por todos os lados segundo o sopro do Espírito Santo".

---

[1] *Un hombre para la Iglesia de hoy*, Lima 1988, Ed. Montfortianas, p. 7.

É este *"homem livre"* que queremos apresentar a você. Será uma descoberta. Você vai ficar admirado com seu testemunho de vida, com seu amor profundo por Jesus Cristo presente no pobre, com seu amor por Nossa Senhora e confiança nela, a quem consagrou toda a sua vida e seus trabalhos.

Por que este livrinho?

Muitos padres, religiosos e leigos conhecem e apreciam a "Verdadeira Devoção a Maria", escrita por Montfort. Muitos deles gostarão de conhecer um pouco mais sobre aquele que, por meio dessa obra, tanto bem lhes fez.

A espiritualidade da Legião de Maria deve muito à doutrina de Montfort sobre o papel de Nossa Senhora na santificação e no apostolado. Diretores da Legião nos disseram que muitos legionários gostariam de conhecer melhor a figura daquele que eles invocam em cada reunião.

Mas o encontro com Montfort pode ser uma graça e um estímulo para todos aqueles que o abordam com simplicidade e sem preconceitos. Luís Maria teve intuições e práticas que o colocam próximo de nós. Se nosso ideal é uma Igreja dos pobres, Montfort consagrou toda a sua vida ao serviço deles. Se desejamos uma Igreja livre, ninguém, como ele, apaixonou-se por essa liberdade. Se sonhamos com uma Igreja autêntica e inteiramente fiel a Jesus Cristo, encontramos em Montfort um homem que realizou e defendeu admiravelmente essas aspirações. Se fundamos comunidades eclesiais de base e nos preocupamos com a formação dos leigos, ele nos precedeu com seus grupos de leigos organizados em cada lugar de missão. Enfim, se sentimos a necessidade de novas formas de pastoral, ele é o primeiro a nos dizer e mostrar, por exemplo, que o missionário é um homem que empreende cada dia algo de novo por causa do Reino.

Montfort quis que sua obra continuasse. Pediu a Deus missionários, homens e mulheres que se dedicassem ao anúncio do Evangelho por todas as partes do mundo, principalmente junto aos pobres e esquecidos. Daí o surgimento das Congregações: Padres Monfortinos, Irmãs Filhas da Sabedoria e Irmãos de São Gabriel.

E hoje, no Brasil, onde estão e o que fazem os padres, os irmãos e as irmãs da família monfortina?

Os padres monfortinos chegaram ao Brasil no ano de 1966. Estamos assumindo trabalhos paroquiais na Região Brasilândia da Diocese de São Paulo; o serviço de formação de leigos das Comunidades Eclesiais de Base; o Santuário de Nossa Senhora dos Pobres na Vila Rosina e a Paróquia Nossa Senhora Aparecida, em Atibaia, Diocese de Bragança Paulista.

Os Irmãos de São Gabriel estão desenvolvendo um serviço admirável em Passos, Diamantina e Almenara no Estado de Minas Gerais, dos Centros de Aprendizagem para crianças pobres.

As Irmãs Filhas da Sabedoria trabalham em São Paulo e na Bahia.

Em São Paulo, assumiram o acompanhamento da pastoral na Região Brasilândia, trabalham no atendimento das crianças pobres por meio de creches, organização dos clubes de mães, formação dos adolescentes e Ação Social.

Na Bahia, vivendo na cidade de Santa Rita, acompanham a organização de comunidades, formação de mulheres e de lideranças às margens do Rio São Francisco.

Foi fundado, em 1977, no Jardim Rincão, um Secretariado Monfortino e, em 1980, um Seminário Monfortino.

O objetivo é editar e divulgar os livros de São Luís Maria de Montfort e outros escritos e também promover as vocações. Pela palavra "vocações", neste contexto, não entendemos somente aquelas de especial consagração (padres, irmãos e irmãs), mas também a maravilhosa floração de ministérios leigos, já presentes ou possíveis, que enche de esperança a Igreja do Brasil.

Luís Maria de Montfort. Retrato do tempo pouco antes ou depois da morte de Montfort.

1
TU SERÁS SACERDOTE

No ano de 1417, São Vicente Ferrer, passando pela França, pregava numa localidade denominada La Chèze, próxima das ruínas de uma antiga capela de Nossa Senhora. O espetáculo oferecido pelo santuário desmoronado entristecia profundamente o pregador, quando, de súbito, rasgando a seus olhos o véu do futuro, revelou-lhe Deus a restauração daquela capela. "Esse grande empreendimento, predisse Vicente, estará reservado a um homem que o Todo-Poderoso fará nascer em tempos distantes, homem que surgirá como um desconhecido, homem que será muito contrariado e escarnecido e que, no entanto, com o auxílio da graça, consumará esse empreendimento."

Cerca de três séculos mais tarde – em 1707 –, o Pe. de Montfort passava por essa mesma aldeia. Pregando no mesmo lugar onde outrora São Vicente pregara aos aldeões, e se referindo à predição feita por seu predecessor, Montfort exclamou: "Esse homem sou eu!" E, apesar de todas as dificuldades, transformou aquelas ruínas na mais bela capela da diocese.

Aquele homem prodigioso, cuja vinda Deus quis anunciar séculos antes, nasceu em Montfort, cidadezinha da Bretanha, em 1673. Seu verdadeiro nome era Luís Grignion, mas preferia a seu nome de família, o de Montfort, lugar em que recebera o batismo. Seu amor à Virgem fez que acrescentasse ao seu o nome de Maria; assinava comumente: Luís Maria de Montfort.

Deus mede o dom de sua graça à vocação de cada um. Montfort era chamado a se tornar um dos maiores apóstolos de Maria, de todos os tempos. Não é de admirar que manifestasse, desde os seus primeiros anos, uma ardente devoção à Virgem Santíssima. O cônego Blain, seu amigo de juventude, escreveu a esse respeito:

> O amor a Maria como que nascera com M. Grignion. Pode-se dizer que ela havia sido a primeira a escolhê-lo como um de seus maiores prediletos, gravando em sua jovem alma essa tão singular ternura que sempre teve para com ela, de modo a ser considerado um dos mais dedicados filhos da Mãe de Deus que a Igreja tenha conhecido.

Quando passava pelas ruas de sua cidade natal, nunca deixava de saudar as imagens de Maria nos nichos das fachadas das casas. Na igreja paroquial, ficava, por vezes, horas inteiras diante da imagem de Nossa Senhora, imóvel, como em êxtase.

"No seio de Maria, ensinará ele mais tarde, os jovens se tornam anciãos em luzes, santidade, experiência e sabedoria."

Essa verdade é vivamente ilustrada pela própria juventude daquele que assim escreveu. Lembrando os primeiros anos de Luís Maria, um de seus tios declara: "Ele manifestava tanto horror ao vício e inclinação à virtude que se diria ser estranho ao pecado de Adão, não sentindo a corrupção da natureza... Todos os seus pendores eram celestes".

Montfort sentia que se deve buscar a Deus no silêncio; por isso gostava da solidão. Agradava-lhe vagar ao longo do lago onde foram construídas as muralhas de sua cidade natal. Não se cansava de seguir, em seus meandros, os riachos que serpenteavam nos prados. Mais que tudo, amava a floresta misteriosa que cobre o alto da colina; lá é que podia livremente conversar, de coração a coração, com Deus e com Maria.

Assim é que a vida desse menino se transformava insensivelmente em vida de oração. No recolhimento da meditação, hauria uma sabedoria muito superior à sua idade. Longe estava de ser alegre a vida familiar. O pai, fidalgo pobre, devia enfrentar mil dificuldades para sustentar a família numerosa. Sua profissão de advogado era pouco lucrativa. Por isso um nada o levava a explodir em invectivas contra a mulher e os filhos. Durante essas cenas domésticas, sua esposa se calava e os filhos se juntavam timidamente num canto. Mal saía o pai, Luís corria para sua mãe e encontrava palavras tão sábias e cheias de unção que parecia serem postas nos seus lábios pelo próprio Espírito de Deus.

Sua oração contínua acendia nele a chama do apostolado. Montfort era o mais velho de muitos irmãos. Tinha predileção por sua irmã Luísa, mais piedosa do que as outras. Frequentemente a convidava a deixar seus brinquedos para rezar com ele. A menina não ia sempre de boa vontade; então, o irmão mais velho lhe dava pequenos presentes, prometendo-lhe: "Você será muito bonita e o mundo a amará, se você amar a nosso Deus". E logo outras crianças se juntavam a eles, de modo que aquelas criancinhas recolhidas, com a cabeça inclinada e o terço nas mãos, formavam um quadro encantador.

Aos doze anos, Luís deixou a cidade onde nascera para cursar o colégio de Rennes. Esse colégio contava com 2000 ou 3000 estudantes. Sempre foi o primeiro de sua classe. No entanto, modesto, tão bem sabia ficar na sombra, que um aluno que cursara as mesmas aulas que ele, durante anos, só o conheceu na retórica.

A vida de oração da criança privilegiada iria tomar novo impulso. Antes e depois de cada aula, entrava habitualmente em alguma igreja, ficando de joelhos diante da imagem de Nossa Senhora, às vezes durante uma hora. "Toda gente sabe, escreve Blain, que ele a chamava sua Mãe, sua boa Mãe, sua querida Mãe; mas nem todos sabem que, desde bem jovem, dirigia-se a ela com uma simplicidade infantil, em todas as suas necessidades, tanto temporais como espirituais, e ficava tão certo de ser atendido, pela grande confiança em sua bondade, que jamais se embaraçava com dúvidas, inquietações ou perplexidades. Para ele, tudo estava feito, quando havia orado a sua boa Mãe, e não hesitava mais."

A Virgem das virgens recompensava por favores marcantes a terna confiança do querido filho. Um dia em que Blain lhe falava das tentações contra a pureza, Luís confessou ingenuamente nunca as ter experimentado. Apesar disso, fugia, cuidadosamente, de toda ocasião perigosa. Num dia de carnaval, era hóspede de uma família amiga. Depois do jantar, um mascarado penetrou o salão e convidou os presentes a certos divertimentos frívolos. Imediatamente, Luís se levantou da mesa, pronto a se retirar. Uma outra vez, encontrou em casa um livro cheio de gravuras obscenas,

1. TU SERÁS SACERDOTE

que pertencia a seu pai. Que fazer? Rasgar o livro?... Luís prevê as desagradáveis consequências de seu gesto. Pouco importa! O amor à pureza é nele mais forte do que o medo do pai; lança ao fogo o livro. Nesse momento, entra seu amigo Blain. Conta ter encontrado Luís "tímido e quase tremendo de apreensão pela vinda de seu pai, mas muito contente por aquele sacrifício".

Era notável e verdadeiramente evangélica sua caridade para com os pobres. Entre os estudantes do Colégio, alguns careciam do necessário. Luís ajudava-os de todos os modos, não hesitando sequer em se fazer mendigo para socorrê-los. Um dia, encontra um colega tão miseravelmente vestido que se havia tornado alvo de zombaria dos camaradas. Constrange-se o coração de Luís. Mendiga por toda parte, mas só chega a recolher a metade da quantia necessária para uma roupa nova. Em seu grande espírito de fé, entra com ele numa loja e, dirigindo-se ao dono, diz-lhe: "Aqui está meu irmão e seu irmão. Fiz uma coleta em aula e tenho o necessário para o vestir. Se não bastar, cabe ao Sr. acrescentar o que falta". O comerciante se pergunta primeiro se não estão brincando com ele, mas logo depois, cheio de admiração pelo jovem freguês, cede pela metade a fazenda necessária.

Os doentes eram seus melhores amigos. Todo dia livre na semana, dirigia-se ao hospital com um ou dois colegas, para lá cuidar dos enfermos, ler-lhes algum bom livro ou lhes explicar o catecismo.

Um dia, encontra um companheiro de escola, seis anos mais moço do que ele, que, por esse motivo, não podia ser admitido na Congregação de Nossa Senhora. Reunindo alguns outros estudantes piedosos, funda uma pequena associação que se propõe a veneração particular a Maria. O quarto que lhes é cedido por uma pessoa bondosa é transformado em oratório: orações, mortificações, silêncio, tudo é previsto até nos mínimos detalhes.

Não é de admirar que a maternal providência de Maria se ocupasse de maneira particularíssima de Luís. Um dia, aos vinte anos, ajoelhado diante de uma imagem milagrosa da Virgem, suplicou-lhe esclarecê-lo sobre o grave problema de sua vocação. E vem a resposta luminosa e precisa: "Serás sacerdote!"

2
DEUS SÓ!

Uma vez que Luís ouviu a voz de sua "boa Mãe", tornou-se o sacerdócio, para ele, o grande ideal. Ser sacerdote significa, em primeiro lugar, pôr-se a serviço de Deus. Compreendeu isso e resolutamente entrou nesse caminho. Seu tio, referindo-se à sua juventude, escreve: "Estas palavras 'Deus só', que lhe foram, depois, tão familiares, pareciam desde então gravadas em sua alma; suas ações e palavras não irradiavam outra coisa". Se a divisa "Deus só" já o caracteriza desde muito jovem, ainda melhor, resume o período em que se prepara para o sacerdócio.

Luís teria podido seguir o curso de Teologia em Rennes, mas preferiu ir a Paris, na esperança de aí melhor se preparar para o sacerdócio. Seu sonho teria sido partir sem bagagem, confiando na Providência que jamais falha para os que nela esperam. Seus pais obrigaram-no a levar um pouco com que vestir-se, uma roupa nova e algum dinheiro. Logo que se pôs a caminho, encontrou mendigos. Dá ao primeiro a bolsa, ao segundo a roupa nova, e alegra o terceiro trocando com ele a veste

• 25 •

que trazia. Só então se sente verdadeiramente liberado de todo apego e pronto a alçar voo para Deus. Exultando de alegria, prostra-se de joelhos, exclamando: "De agora em diante, posso gritar: Pai nosso, que estais nos céus". No mesmo instante, faz voto de nunca mais possuir coisa alguma como própria.

Com um bastão na mão, desfiando o rosário, Luís prossegue, debaixo de contínuos temporais, sua caminhada para a capital. Caminhando, mendiga um pouco de pão e, em dez dias, percorre os 300 km que o separam de Paris.

Sua primeira residência na grande cidade foi o Seminário dos estudantes pobres. O regulamento da casa era excessivamente severo, o que não impediu o recém-vindo de impor-se ainda às mais penosas mortificações. Em 1693, a fome assolava a França. O Diretor do Seminário, não podendo por mais tempo prover à subsistência dos alunos, dispunha-se a despedir os mais pobres para suas casas. Em sua grande caridade, Luís se ofereceu para mendigar, e viu-se aquele filho de fidalgo pacientemente parado à porta das ricas mansões para receber uma roupa, algum dinheiro, um pouco de pão. Um dia, o Diretor propõe aos alunos velar os mortos, a fim de aumentar as rendas da pobre casa. Luís aceita com entusiasmo. Três ou quatro vezes por semana, sacrifica o repouso da noite. De joelhos, mãos juntas, passa em meditação quatro horas da vigília; em seguida, duas horas em leitura espiritual, e só se concede um pouco de repouso nas duas horas seguintes. Nesses velórios, Luís aprende cada vez mais a relativar as coisas terrestres.

De tudo que ganhava nessa sacrificada incumbência, guardava apenas o estrito necessário. Uma mulher pobre vem um dia lhe contar sua extrema dificuldade. "De quanto precisa?", pergunta o seminarista. E em lugar de pequena quantia pedida, ele lhe entrega tudo o que havia em sua bolsa.

Vêm oferecer-lhe uma batina nova. Sem sequer experimentá-la, dá-a de esmola.

A Providência recompensava essa caridade heroica. Um dia, necessitando de uma roupa para si, dá dinheiro a um amigo, pedindo-lhe que a comprasse, mas este lhe observa não bastar. "Não faz mal, responde, se lhe quiserem vender mais cara a roupa, peça à Providência fornecer-lhe o necessário e dê o dinheiro ao primeiro pobre que encontrar." Seu companheiro entra na loja, mas o dono lhe ri na cara. Seguindo as instruções de Luís, o seminarista dá o dinheiro ao primeiro pobre que encontra e volta a casa. Felicíssimo, Montfort vem a seu encontro: "Ótimo, diz-lhe ele, enquanto você estava ocupado a fazer essa caridade, uma pessoa me deu a quantia que você está vendo. Por favor, leve-a à loja, para que, dessa vez, me mandem a roupa".

Nesse ínterim, o Diretor do Seminário morre. Montfort perdia seu guia espiritual e um insigne benfeitor. Seus colegas o observam furtivamente. Talvez fique desolado, inquiete-se e perturbe... Nem por um só momento saiu Luís de sua calma e serenidade, de tal modo que um de seus companheiros lhe diz: "Ou você é um grande santo ou um ingrato. Um grande ingrato, se não se comove com a morte de seu benfeitor; um grande santo se, estando comovido, por virtude supera o sentimento".

Uma carta escrita, por essa época, a um de seus tios dá-nos a chave do enigma: "Não me embaraço, aconteça o que acontecer; tenho um Pai nos céus, que não pode faltar!"

Luís foi recebido em outro Seminário, para clérigos pobres, onde a alimentação era ainda pior. Persistiu aí em suas penitências voluntárias, a ponto de que sua constituição, apesar de tão robusta, não se pôde manter. Doente, foi transportado ao hospital. Deitado num leito emprestado, incapaz de fazer qualquer coisa, cheio de dores, sentia-se no auge da alegria. Irradiando felicidade, disse a um amigo que vinha visitá-lo: "Aqui estou eu no hospital. Que honra! Minha família ficará talvez aborrecida; mas estará a natureza jamais de acordo com a graça?" Temia-se por sua vida, enquanto ele próprio dava certeza de estar de pé dentro de poucos dias. Realizaram-se suas previsões: oito dias mais tarde, ele retomava os estudos.

Enfim, abriram-se diante de Luís as portas do célebre Seminário de S. Sulpício. Os Superiores estavam de tal modo satisfeitos em recebê-lo que mandaram cantar o *Te Deum* nessa ocasião. E, no entanto, alguns dias depois, poriam em dúvida a virtude de seu candidato. É que Montfort não seguia o caminho comum. Destinado a coisas extraordinárias, Deus o conduzia por caminhos pouco comuns. A Providência permitiu que o Diretor do Seminário de S. Sulpício, Pe. Brenier, assim como o Diretor espiritual, Pe. Lechassier, não penetrassem esses desígnios divinos. Por isso submeteram Montfort a um tratamento dos mais crucificantes.

Em suas relações com Luís, o Pe. Brenier mostrou-se constantemente severo e rebarbativo. Aplicava-se a humilhá-lo em público. As mais duras censuras lhe eram dirigidas em presença de seus colegas. Esse assédio não foi passageiro: durou meses inteiros, que o humilde seminarista viveu sem perder um só instante sua serenidade. Depois da mais dolorosa humilhação, dirigia-se a seu superior com a mesma confiança e simplicidade.

O Pe. Lechassier usava, para com ele, do mesmo rigor. Segundo o regulamento, deviam os seminaristas apresentar-se regularmente a seu guia espiritual. Montfort não queria outra coisa, mas muitas vezes seu confessor recusava recebê-lo. Quando o ouvia, era para desaprovar todas as suas iniciativas. Apesar disso, Luís se apresentava outra vez com a mesma submissão e boa vontade. A essas provações vieram acrescentar-se as zombarias dos colegas. Para forçá-lo a ficar com a cabeça reta, alguns se excediam a ponto de lhe bater, mesmo durante as conferências públicas. Jamais se desmentiu a heroica paciência de Montfort.

Sua Mãe do céu lhe foi de grande apoio nessas duras provações. Nomeado bibliotecário, leu, por assim dizer, todos os livros que tratavam da devoção a Maria. Saboreava particularmente o opúsculo de Boudon: *A santa escravidão da admirável Mãe de Deus*. Luís se consagrou a Maria como escravo de amor e tornou-se o apóstolo entusiasta dessa devoção.

2. DEUS SÓ!

Com a aprovação de seus superiores, fundou, no próprio Seminário, um grupo de escravos de amor.

Em 1699, foi designado para fazer com outro seminarista uma peregrinação a Chartres, o santuário de Nossa Senhora. Os dois jovens fazem a pé um trajeto de vários dias de caminhada. Era o tempo da colheita. Luís não pode evitar de deixar de vez em quando seu companheiro e ir conversar com os trabalhadores das colheitas. Fala-lhes de Deus e de sua Mãe com tal ardor e tanta unção que todos o ouvem com admiração. Chegando a Chartres, Montfort não se dá ao trabalho de procurar um hotel. Dirige-se imediatamente à catedral. No dia seguinte, aí fica em oração desde o amanhecer até meio-dia, de joelhos e imóvel diante da imagem milagrosa de Maria. Depois do almoço, apressa-se em voltar à igreja e só sai da capela de Maria à noite, quando o sacristão vem dizer-lhe que vai fechar as portas.

Todos os sábados, um grupo de seminaristas ia à catedral de Paris a fim de implorar a bênção de Maria para o Seminário. O Superior, agora convencido da virtude de Montfort, levava-o regularmente. Numa dessas visitas, Luís fez, diante da imagem de Nossa Senhora, o voto de castidade perpétua.

• 31 •

Ao mesmo tempo, aplica-se seriamente ao estudo. Um dia, deve defender em público uma tese sobre a graça. Seus colegas haviam resolvido encostá-lo à parede e citaram uma quantidade de textos difíceis dos Padres da Igreja. Luís ouve imperturbável; retoma cada uma das objeções levantadas e as refuta, citando de cor outros textos dos mesmos autores.

Entrega-se simultaneamente ao apostolado. Ensina catecismo às crianças da paróquia e aos criados da vizinhança. Alguns seminaristas resolvem assistir a suas aulas, mais para divertir-se que para instruir-se, mas Luís fala com tanta convicção e entusiasmo que eles saem da sala profundamente comovidos.

Amava a Deus com tal ardor de coração que não podia ficar impassível diante do pecado cometido em público. Um dia, atravessa uma praça no momento em que dois rapazes, de espada em punho, vão bater-se em duelo; Luís toma o crucifixo, lança-se entre os dois antagonistas e suplica-lhes que se reconciliem por amor do Crucificado. Tocados pela graça, eles apertam as mãos um do outro e se afastam confusos.

De outra vez, encontra vendedores ambulantes que cantam e vendem canções obscenas. Sem hesitar, compra todo seu estoque e o rasga diante deles. Fez o mesmo com livros inconvenientes.

2. DEUS SÓ!

Certo dia, percebe um ajuntamento de pessoas atentas às exibições equívocas de um charlatão. Lamentando que cristãos percam assim seu precioso tempo, o seminarista fala, por sua vez, ao público, e rapidamente a multidão se dispersa.

Um rapaz, com zelo tão ardente pelos interesses de Deus unicamente, merecia, sem dúvida, chegar ao sacerdócio. A 5 de junho de 1700, Luís foi ordenado sacerdote. Passou todo esse dia em adoração diante do Santíssimo Sacramento. Depois, empregou uma semana inteira preparando-se para sua primeira Missa. Uma testemunha dessa primeira Missa confessará mais tarde: "Vi um homem como um anjo no altar".

3
PAI DOS POBRES

O mais caro sonho de Montfort era a extensão do Reino de Jesus e Maria, sobretudo entre os pobres. Durante toda a vida mostrara uma predileção por eles. Continuamente ressoa a seus ouvidos a palavra do Senhor: "Em verdade vos digo: o que fizestes ao menor dos meus, a mim o fizestes". Na pessoa dos pobres e dos doentes serve o próprio Jesus Cristo e pretende que todos o façam com a mesma fé.

Passando em sua cidade natal, vai pedir hospitalidade na casa de sua antiga ama. Não sendo reconhecido, fecham-lhe a porta. Dirige-se então à casa do homem mais pobre do bairro, partilha sua pobre refeição e seu incômodo leito. No dia seguinte é identificado pelos vizinhos. A ama vem chorando pedir-lhe perdão. "Mãe Andréa, diz-lhe severamente o homem de Deus, de outra vez seja mais caridosa. Esqueça-se de Grignion, que nada merece; pense em Jesus Cristo, ele é tudo; é ele que está nos pobres."

De outra vez, é designado para pregar um retiro a religiosas. Não se dá a conhecer imediatamente, mas pede uma esmola em nome de nosso

3. PAI DOS POBRES

Senhor Jesus Cristo. "Não podemos dar esmola a todos os que passam, respondem-lhe, continue seu caminho." Daí a pouco percebem que acabam de despedir o próprio pregador do retiro. Apressam-se em chamá-lo e o convidam a sentar-se diante de uma mesa bem provida. O missionário exclama: "Como, minha Irmã, oferece uma boa refeição ao Pe. de Montfort e recusa um pedaço de pão que lhe é pedido em nome de Cristo; isto é faltar à fé e à caridade ao mesmo tempo".

Prega uma missão em Dinant. Certo dia, encontra lá, estendido no chão, um mendigo todo coberto de úlcera. Enrijecido de frio, o infeliz não podia proferir uma palavra. Montfort o carrega nos ombros e o leva para sua casa. É tarde e tudo já está fechado. Mas o homem de Deus desperta o porteiro, gritando: "Abra a porta para Jesus Cristo". Deita o pobre em sua cama e, ajoelhando-se no chão gelado, passa a noite conversando com Deus.

Para conquistar mais seguramente o coração dos pobres e doentes e atraí-los a Deus, Montfort faz-se pobre como eles. Um ano após sua ordenação, vai visitar o hospital de Poitiers. Está tão miseravelmente vestido que os pobres organizam entre si uma coleta para ajudá-lo. "Bendizei mil vezes a Deus, escreve Montfort, de ser tido por pobre e trazer seus gloriosos trajes."

Os habitantes do hospital desejam tê-lo como capelão, e Montfort aceita de boa vontade. Quer logo remediar a triste situação econômica da casa. Acompanhado de alguns pobres, circula pela cidade carregando num burrinho as esmolas que recebe. Procura distribuir tudo com tanta equidade que o hospital – outrora lugar de discórdias e ciúmes – torna-se um oásis de paz.

Escolhe para si servir os pobres à mesa. Pede os trabalhos mais humildes. É visto varrendo a casa e limpando o pátio. Suplica, como um favor, o quarto menos confortável e cede para um pobre a única coberta que possui. Considera-se honrado de poder prestar aos doentes os mais repugnantes serviços.

Encontra na cidade um mendigo coberto de úlceras. Nenhum hospital quer recebê-lo por causa do perigo de contágio. Montfort vai aos diretores daquele ao qual serve e implora-lhes que acolham o infeliz. Atendem a seu pedido, e várias vezes por dia o capelão leva alimento ao doente e cuida de suas chagas.

Os pobres adoravam seu capelão, mas o ecônomo do hospital via nos sábios regulamentos introduzidos na casa a condenação de sua gestão. Alguns pobres, por seu lado, estão descontentes, porque Montfort lhes censura seu vício de embriaguez e suas brigas. Unem-se para fazer com que se vá embora, e, finalmente, o capelão se vê obrigado a deixar o hospital. Depois de um afastamento de oito dias, aí volta, pois Deus tomara em defesa a causa de seu servo. O ecônomo, atingido por um mal terrível, morre. A mesma sorte tem o superior, e mais de 80 pobres caem doentes. O capelão os visita e assiste seus últimos momentos. É quase que o único a escapar do contágio.

Com renovada coragem, Montfort entrega-se ao trabalho. Até então os doentes eram tratados por enfermeiras cujo único ideal era ganhar muito, trabalhando o menos possível. O capelão quer tentar formar enfermeiras capazes de socorrer o próximo por amor de Deus só. Escolhe entre as hospitalizadas as mais desvalidas: um grupo de moças doentes, aleijadas, disformes, à frente das quais coloca uma cega. Todos se admiram dessa escolha: "Padre, o senhor nos deu uma superiora cega! – Minha filha, responde Montfort, é para que vocês não considerem a superiora que Deus lhes dá e lhe obedeçam por amor, sem olhar para seus talentos e defeitos".

Em pouco tempo, essas moças piedosas e ativas souberam dar um aspecto novo ao hospital. Mas, mais uma vez, o capelão é caluniado junto da autoridade. Não contente de prestar todos os serviços possíveis a seus doentes e mendigar para eles nas ruas de Poitiers, seu zelo encontra um novo campo de ação nas diferentes paróquias da cidade. De manhã a noite, está no púlpito ou no confessionário: "uma missão perpétua", como ele mesmo se exprime.

Em 1703, Montfort está em Paris. De novo, a aflição dos pobres o atrai irresistivelmente e, durante 5 meses, atende com incomparável dedicação aos grandes sofrimentos do hospital de La Salpêtrière. Uma manhã, encontra em sua mesa um bilhete pelo qual a Direção do hospital lhe comunica sua dispensa... Sem uma queixa, ele parte. Oferecem-lhe uma remuneração pelos serviços prestados: ele recusa. Insistem para que aceite ao menos alguma roupa e um chapéu novo. Consente, mas, julgando o chapéu muito luxuoso para ele, troca-o imediatamente pelo gorro de um miserável.

Ei-lo pelas ruas da grande capital, sem pão e sem abrigo. "O que me faz crer que obterei a sabedoria divina, escreve ele a sua irmã, são as perseguições por que passei e continuo a passar... Não tenho amigos aqui senão Deus. Os que tive, outrora em Paris, abandonaram-me."

Neste momento, entregam-lhe uma carta que os pobres de Poitiers escreveram ao diretor espiritual dele: "Senhor, diziam eles, nós,

3. PAI DOS POBRES

quatrocentos pobres, suplicamo-vos muito humildemente, para maior glória e amor de Deus, fazer que volte a nós nosso venerável pastor, aquele que ama tanto os pobres, Pe. Grignion... Seria um grande bem se nos enviásseis nosso anjo... Perdoai-nos, senhor, a ousadia: nossa indigência e nossos grandes sofrimentos é que nos fazem importunar-vos. Se pudermos revê-lo, seremos mais obedientes e fiéis para nos entregarmos a nosso Deus".

Montfort não pôde resistir a esta súplica. Tendo uma senhora piedosa lhe oferecido dinheiro para a viagem, apressa-se em dá-lo ao primeiro mendigo que encontra e parte para Poitiers a pé, como sempre. No hospital, o acolhimento é entusiasta: beijam-lhe as mãos e à noite soltam foguetes de alegria.

O capelão retoma o trabalho sem demora; impõe-se duras mortificações, a fim de obter para todos a graça de uma vida verdadeiramente cristã. Ocupado de manhã à noite em ouvir confissões, pregar, dar aulas de canto e de catecismo, ainda consegue jejuar três vezes por semana. Nesses dias contenta-se com uma só refeição frugal: uma sopa, dois ovos e um pouco de queijo. Traz na cintura cadeias de ferro que lhe prejudicam os movimentos. Como leito, um colchão e uma coberta. Quer que um pobre tome as refeições com ele, de preferência algum que sofra de doença repelente. Quando, diante de uma repreensão, um hospitalizado se revolta e se zanga, ele se ajoelha e só se levanta quando passou a cólera do outro. O delinquente não tem outra saída senão ajoelhar-se também para pedir perdão por seu comportamento. Um insulto ferino por parte de um pobre se tornava para o Pe. de Montfort "um belo presente" e "a recompensa por suas boas intenções".

Por impossível que pareça, desacreditado junto à Direção do hospital, foi alguns meses depois despedido pela segunda vez. Agora parte para sempre. Após ter servido aos pobres nos hospitais lhes reservará seus melhores cuidados no decorrer de suas missões.

O bairro de Montbernage era então um dos mais mal-afamados da cidade de Poitiers: a indigência material aí competia com a miséria espiritual. A primeira vez que Montfort aparece é terrivelmente insultado. Sua resposta é um sorriso. Aproxima-se dos zombadores, pergunta-lhes pela saúde, por seu ofício, seu salário; acaricia e abençoa as crianças. E, despedindo-se deles, consola-os dizendo: "Bem-aventurados os pobres! A pobreza, escolhida voluntariamente pelo Salvador, é a condição mais favorável para a felicidade na outra vida, um instante de sofrimento aceito com resignação prepara, para quem sabe aproveitá-lo, um peso eterno de glória. E como é bom sofrer para pagar nossos pecados, esperando o céu!"

Admirados, comovidos, abalados, os habitantes o ouvem: seu círculo cresce cada dia mais. Era preciso uma igreja para acolhê-los, mas não há nenhuma no bairro. Montfort compra uma velha granja, manda caiá-la, coloca um Crucifixo e estandartes representando os mistérios do Rosário. Toda noite faz uma pregação e "a igreja" está sempre cheia. Ao fim de alguns dias, organiza uma procissão e esses homens, que até há pouco não podiam passar por um sacerdote sem blasfemar, acompanham a Cruz, cabeça descoberta, cantando. Em seguida, o missionário se põe à sua disposição para as confissões. É nesse ministério que o santo sacerdote dá o melhor de sua caridade para com os pobres, os mais pobres de todos, particularmente os pecadores. "Preferiria, dizia ele, sofrer no purgatório por ter sido demasiado manso com meus penitentes a tê-los tratado com uma severidade que desespera." Chama-se a si mesmo o maior dos pecadores, que, sem o auxílio da Virgem Santíssima, estaria condenado há muito tempo.

Era grande o número dos que vinham confessar-lhe seus pecados e mudavam de vida. Montfort estava tão contente que colocou na granja uma estátua de Nossa Senhora sob o título de "Rainha dos corações", colocando em seu pescoço um coração dourado, símbolo de seu amor por Maria e pelos habitantes de Montbernage. A imagem ainda é aí venerada até hoje.

Depois de Montbernage, outras localidades acolheram o missionário. Ele dedicava todo seu tempo livre aos pobres, que eram sempre vistos em sua companhia. Abordava-os como seus melhores amigos: parecia um pai no meio de seus filhos. Era para ele uma distração dar-lhes esmolas e lavar suas roupas.

Essa caridade para com os pobres foi aumentando com os anos, se isso é possível. Durante uma missão em Rennes, seus pais o convidam para jantar. Aceita, com a condição de poder levar seus "amigos". No dia marcado, chegam, seguido de uma longa procissão de indigentes, cegos e aleijados!

Encontra meios para manter 200 pobres durante uma missão em Saint Brieux. Em outro lugar, ele determina que, durante a missão, cada família proporcionará a um indigente todo o necessário.

3. PAI DOS POBRES

Alguns anos antes de sua morte, Montfort visita, em Paris, o seminário do Santo Espírito, fundado por Poullart des Places. Cumprimenta os professores e os estudantes; depois, encaminhando-se para um dos seminaristas, abraça-o de todo o coração. Como se admiram desta preferência, Montfort explica: "A pobreza merece sempre atenções; por isso é que me permiti este testemunho de amizade àquele dentre vocês que está mais pobremente vestido".

Numa conferência feita aos mesmos estudantes, o homem de Deus acentua fortemente as grandes vantagens da pobreza e do desprendimento. Lembra-lhes da palavra de São Pedro ao paralítico que lhe pedia esmola: "Não tenho ouro nem prata, mas o que tenho eu te dou: em nome de Jesus Cristo de Nazaré, levanta-te e anda". E Montfort insiste: "Imitem essa pobreza dos apóstolos; então tudo lhes será possível. Talvez não façam como eles, milagres na ordem da natureza. Mas farão prodígios de graça: os corações dos homens estarão em suas mãos".

Falava-lhes de experiência.

Luís Maria de Montfort.
Estátua na Basílica de São Pedro, em Roma.

4
SOLDADO DO CRISTO

Um dia, estava Montfort de passagem por uma paróquia cujo pároco o convidou a pregar. Fez uma homilia sobre o evangelho do dia e comoveu tanto o auditório, que todos perguntavam admirados: "Quem é este estrangeiro que acaba de chegar à nossa cidade, tendo por bagagem apenas um bastão, e que atrai assim a multidão?" Não o conhecendo bem, o pastor, no momento da despedida, insiste com o missionário que lhe diga seu nome: "Ah, diz o homem de Deus, sou um pobre sacerdote que anda pelo mundo, esperando, com a graça de Deus, ganhar para ele alguma pobre alma".

Essa é uma das características de sua vida. Confessa certa vez: "Se Deus me tivesse destinado ao mundo, eu me teria tornado o homem mais terrível do século". Deus o destinava à sua Igreja, e ele se tornou um atleta sem igual no Reino de Deus, um soldado do Cristo, um conquistador de homens, como poucos houve no cristianismo.

Amava os homens com toda a paixão de seu temperamento de fogo. Tinha-o demonstrado no hospital de Poitiers, nas paróquias

• 45 •

dessa cidade e dos arredores, onde pregou missões. E eis que, na plena atividade apostólica, recebe uma carta do Bispado, ordenando que deixasse a diocese sem tardar...

Montfort obedece sem protestar, sem pedir a menor explicação. Não pode, entretanto, partir sem enviar por escrito sua despedida aos caros pobres de Montbernage. É uma carta admirável que dá uma ideia do gênero de sua pregação.

"Não podendo falar-lhes de viva voz, porque a santa obediência me proíbe, tomo a liberdade de escrever-lhes sobre minha partida, como um pobre pai a seus filhos, não para lhes dizer coisas novas, mas para confirmá-los nas coisas que já lhes disse.

A amizade cristã e paterna que lhes tenho é tão forte que os levarei em meu coração, aonde quer que vá, na vida, na morte e na eternidade... Lembrem-se, pois, meus caros filhos, minha alegria, minha glória e minha coroa, de amar ardentemente Jesus Cristo, de amá-lo por Maria, de manifestar em toda parte e diante de todos sua devoção verdadeira à Virgem Santíssima, nossa boa Mãe, a fim de ser sempre o bom odor de Jesus Cristo, a fim de carregar constantemente a própria cruz, seguindo o nosso Mestre, e de ganhar a coroa e o reino que os espera... Peço a todos, em geral, e a cada um em particular, que me acompanhem com suas orações na peregrinação que vou fazer por vocês e por muitos. Digo: por vocês, porque empreendo essa longa e penosa viagem, entregue à Providência, para obter de Deus, por intercessão de Nossa Senhora, a perseverança para vocês. Digo: por muitos, porque carrego em meu coração todos os pobres pecadores de Poitiers e de todos os lugares, que desgraçadamente se condenam. Sua alma é tão cara a meu Deus, que ele deu seu sangue por ela, e eu não daria nada? Ele arriscou sua vida, e eu não arriscaria a minha? Ah, somente um idólatra ou um mau cristão não se comoveria pela perda desses tesouros infinitos, as almas resgatadas por Jesus Cristo."

Montfort desejava saber a que campo de ação Deus o chamava. Com esse fim, partiu para Roma. Receber sua missão do Papa, não seria recebê-la do próprio Cristo? Põe-se a caminho para a Cidade Eterna, a pé. Ao primeiro mendigo que encontra dá o pouco dinheiro que possui. Terríveis fadigas o esperam; mais de uma vez sofre fome. Dorme na soleira da porta de alguma igreja ou de uma casa de fazenda fechada. Enfim, avista no horizonte a cúpula de São Pedro. Num santo entusiasmo, lança-se de joelhos e tira os sapatos. Por respeito a essa terra, onde viveram e morreram os grandes apóstolos Pedro e Paulo, dirige-se de pés descalços para a Capital da cristandade.

A recepção do Papa Clemente XI foi muito bondosa. Montfort exprime seu desejo de partir para missões longínquas, mas a resposta do Papa é formal: "O senhor tem um campo bastante vasto na França, para exercer seu zelo. Não vá para outro lugar". E Clemente XI o reenvia à sua pátria com o título de missionário apostólico.

Em pleno calor do verão, ele retoma o caminho da pátria. Depois de andar algumas horas, tem os pés tão feridos que decide tirar os sapatos. Com esses numa das mãos e na outra com o rosário e o bastão que tem no alto o crucifixo, prossegue viagem. Os viandantes zombam dele. Um sacerdote lhe pergunta sarcasticamente: "Por que você não viaja a cavalo? – Não é esse o hábito dos apóstolos", responde-lhe Montfort.

Chega a um lugar onde deve encontrar-se com um amigo, mas esse não reconhece mais o peregrino, tão desfigurado está pela longa viagem. Montfort sente-se muito feliz: agora seu trabalho está sob a bênção especial de Deus e de seu Vigário na terra.

Depois de nova peregrinação a Nossa Senhora de Saumur, e outra ao Mont-Saint- -Michel, lança-se inteiramente à carreira missionária. É um cavaleiro destemido, sem medo até mesmo do demônio. Antes de sua peregrinação a Roma, tinham-no visto um dia arrastado pelo chão por uma força invisível; outra vez, ouviram em seu quarto clamores confusos, como de várias pessoas lutando entre si. Depois, ruídos de golpes e a voz de Montfort dominando a algazarra e gritando: "Rio-me de ti! Rio-me de ti! Com Jesus Cristo, serei sempre muito forte!"

Esse lutador não teme tampouco os homens. Só vê a glória de Deus, e tudo o que se opõe a essa glória deve desaparecer inexoravelmente.

Certo dia, encontra um grupo de operários e soldados que, num tumulto ensurdecedor, se atacam mutuamente, com pedras e paus. Montfort se aproxima, ajoelha-se, diz uma Ave-Maria, beija o solo e se atira entre os combatentes. Consegue, não sem grande esforço, separá-los. Percebe então uma mesa de jogo que todos os dias dá lugar a cenas semelhantes; derruba-a e pisa em cima. Vendo isso, os soldados apanham-no pelos cabelos, rasgam seu casaco e o ameaçam de morte se ele não pagar a mesa. Ele pergunta o preço. "Cinquenta libras!", é a resposta. "De boa vontade, diz Montfort, eu pagaria cinquenta milhões de libras de ouro, se as tivesse, e todo o sangue de minhas veias, para queimar todos os jogos de azar semelhantes a este." Essa resposta exaspera os soldados: levam-no prisioneiro ao quartel. Montfort os acompanha, cabeça descoberta, recitando em alta voz o terço. Sua fisionomia está radiante, e caminha a passos tão largos que os soldados quase não conseguem acompanhá-lo. Finalmente, um amigo o liberta de suas mãos, o que muito entristece o prisioneiro. A seu ver, foi privado de uma felicidade que desejava ardentemente: ser preso por amor de Cristo e dos seus irmãos.

Aconteceu-lhe pregar numa paróquia em que a embriaguez geral impedia totalmente a vida religiosa. Diante da igreja havia um botequim. Durante seus sermões, o eco das canções libertinas perturbava a paz da casa de Deus. Um dia em que o escândalo era particularmente provocante, o missionário desce do púlpito e se dirige ao bar. Lá chegando, repreende os presentes por sua insolência, derruba as mesas, agarra pela gola os piores e os põe na rua. Dois dentre eles procuram resistir. Montfort segura-os pelo braço e os leva até a porta.

Em Saint-Pompain era costume haver, no último domingo do ano, uma grande feira, que ocasionava sempre grandes desordens. O mis-

4. SOLDADO DO CRISTO

sionário quer acabar com isso custe o que custar. Organiza uma grande procissão, na qual toda a paróquia é representada, e ordena que se passe entre os casais que dançam, dirigindo-se depois para os balcões dos forasteiros e as barracas dos charlatães. Quando os "festeiros" veem aproximar-se o cortejo, precedido pela cruz e dirigido pelo corajoso missionário, são tomados de pânico. Os dançarinos se esquivam, os comerciantes se colocam em fila para dar espaço, e, finalmente, todos se dispõem a voltar às suas casas.

Se Montfort, após sua viagem a Roma, consagra-se definitivamente às missões, quer fazê-lo de maneira bem ordenada. Sua missão dura seis semanas. Prega sucessivamente aos homens, às mulheres, às crianças; seus caros pobres têm instruções particulares. Nesses exercícios, aconselha a renovação das promessas do batismo pela prática da verdadeira devoção a Nossa Senhora. Obtém dos fiéis que se consagrem ao Cristo pelas mãos de Maria e que vivam uma vida de dependência em relação à sua Mãe do Céu, a fim de depender melhor do próprio Deus. Para manter a coragem, dirão o terço todos os dias. O zeloso missionário organiza grandes procissões, às quais toda a paróquia é convidada. Cada um trará o bilhete no qual está escrito sua doação ao Cristo por Maria. Aprendem-se cânticos compostos pelo Santo, e que, muito tempo depois de Montfort ter desaparecido, serão ainda cantados nas paróquias que visitou. Durante muitos anos permanecerão como o eco daquela voz poderosa que arrastava as massas e despertava os corações.

Percorre todo o Oeste da França. Em muitos lugares, a vida cristã enfraquecera. Ele sacode esse povo adormecido na indiferença. Com muita frequência, a igreja é pequena demais para seu auditório, e, nesse caso, ele prega no cemitério, numa praça pública ou em pleno campo. Sua palavra, preparada pela oração e a meditação, é sempre eficaz. "Ó pecador, exclama ele, se soubesses como Deus é bom e amável!"

Mais de uma vez, vê-se obrigado a dirigir-se nestes termos a um auditório comovido: "Meus filhos, não chorem; assim me impedem de falar". E tanto sacerdotes de cabelos brancos como simples leigos se perguntam admirados: "Quem é este estrangeiro que, mal chegou, sem bagagem alguma além de seu bastão de peregrino, atrai a si todo o povo?"

Tudo o que esse homem exige, seus ouvintes o executam. Exorta-os a juntar todos os maus livros e queimá-los. Centenas de romances imorais são devorados pelo fogo. Na paróquia de Crossac, apesar da proibição, insistem em enterrar os mortos na igreja. A casa de Deus, onde apenas o coro é calçado, tem o aspecto de uma terra de lavoura. Em vão, o bispo e o vigário-geral protestam! Montfort aparece; fala com tanta força e unção que os grandes da cidade prometem solenemente nunca mais haver enterro na casa do Senhor. E, quando o missionário deixa o lugar, toda a igreja está pavimentada e caiada.

No fim da missão na grande cidade de La Rochelle, Montfort pede às mulheres que observem o silêncio durante três dias. E narra um documento da época que cerca de três mil mulheres só falavam a seus maridos e empregadas por sinais. Sua influência sobre os soldados não é menor. Um biógrafo descreve a procissão dos militares, que ele organizou na mesma cidade. Todos os soldados lá estavam marchando descalços, crucifixo numa das mãos e terço na outra. À sua frente um oficial, também de pés descalços, levava uma espécie de bandeira ou estandarte da cruz. Todos cantavam as ladainhas de Nossa Senhora; os cantores, de vez em quando, entoavam estas palavras: "Virgem Santíssima, pedi para nós!" E o coro respondia: "o amor de Deus". E essa resposta era cantada numa melodia tão comovente, tendo cada um o olhar pregado em seu crucifixo, que todos os presentes ficaram emocionados diante do espetáculo.

Numa paróquia da Vandeia, comparece tanta gente para ouvi-lo que ele é obrigado a pregar ao ar livre. Repentinamente, desaba uma grande tempestade. Em poucos instantes, todos estão molhados até os ossos, mas ninguém se move, nem mesmo cobre a cabeça. Finalmente, o missionário ameaça parar a pregação se os homens não consentirem em pôr os chapéus.

Em muitos lugares ele consegue dos fiéis a ereção de um grande calvário. Em poucas semanas tudo está pronto: três cruzes, várias estátuas e até uma capela com altar. Antes da bênção, Montfort organiza uma procissão. Pede aos homens que tirem os sapatos, por respeito à cruz. Sem hesitar, sacerdotes, nobres, ricos e pobres obedecem.

É tão difícil resistir a essa palavra persuasiva! Em La Rochelle, a Srta. Pagé vai desafiar e provocar o santo sacerdote. Comporta-se de tal maneira durante o sermão que ele terá de chamá-la em público. Entra na igreja com um traje tão frívolo quanto escandaloso; senta-se exatamente diante do púlpito e fixa o pregador com um ar zombeteiro e petulante. Ele a

4. SOLDADO DO CRISTO

vê, reza um instante por essa alma extraviada e começa o sermão. Fala com tanto ardor que todos – inclusive a Srta. Pagé – rompem em soluços. Após o sermão, ela fica na igreja mergulhada em oração. Pede ao missionário conceder-lhe uma entrevista. E, no dia seguinte, entra no mosteiro das Clarissas!

Em outra paróquia, o pároco vive em discórdia aberta com os paroquianos. Montfort implora a graça de Deus por flagelações sangrentas e convoca a paróquia para uma reunião importante. A igreja se enche imediatamente. Ele fala do perdão das injúrias. Num certo momento, o pároco interrompe o missionário. Com voz trêmula de emoção, suplica aos fiéis que o perdoem pelo escândalo que lhes causou. Montfort se dirige ao auditório: "Como, exclama ele, o pastor de vocês deseja uma reconciliação; está lhes pedindo perdão, e vocês, que lançaram tantas imprecações contra ele, ainda estão hesitando?"

Lágrimas e soluços são a resposta: a paz estava assinada.

Assim é que o servo de Deus prossegue seu caminho durante dez anos nas diferentes dioceses do Oeste. Sua influência foi tão grande que até hoje, três séculos depois, ainda se pode encontrar sua marca.

A Cruz da Sabedoria de Poitiers.
Conferir página 61 deste livro.

5
APÓSTOLO DA CRUZ

Desde a mais tenra infância, Montfort se sentia atraído pela Paixão do Cristo, simbolizada na Cruz. Seu pequeno crucifixo jamais o deixava. Muitas vezes foi visto ajoelhar-se em plena rua, para beijar com amor o Crucificado. No opúsculo que escreverá mais tarde: *O amor da Sabedoria Eterna*, encontramos páginas saborosas sobre a Cruz do Cristo. Dão-nos o segredo de seu amor pela cruz.

> Ela (a Sabedoria, isto é, o Cristo) a desposou (a cruz) com amor inenarrável em sua Encarnação; Ela a carregou e buscou com indescritível alegria, durante toda a vida, que foi uma cruz contínua...
> Enfim, ela viu cumulados seus desejos; foi manchada de opróbrios; foi pregada e como que colada à cruz e morre com alegria, abraçando sua amada, como num leito de honra e triunfo...
> Não creiais que depois da morte, para melhor triunfar, ela se tenha despregado da cruz, tenha-a rejeitado. Longe disto. Uniu-se de tal modo e como que se incorporou a ela que não há nem anjo, nem homem,

nem criatura do céu ou da terra que possa dela separá-la. Sua união é indissolúvel, sua aliança eterna:

JAMAIS A CRUZ SEM JESUS,
NEM JESUS SEM A CRUZ.

Montfort amava com o mesmo amor Jesus e sua Cruz. Como São Paulo, ele pregava em toda parte "Jesus, e Jesus crucificado". A doutrina que expunha em suas missões tinha como ponto de partida, como substância e coroamento: o Cristo crucificado.

Às vezes, deixava a Cruz falar em seu lugar. Uma noite, em sua cidade natal, a igreja estava repleta. O missionário sobe ao púlpito, toma o crucifixo, contempla-o alguns instantes com os olhos cheios de lágrimas e desce sem pronunciar palavra. Os fiéis estão comovidos no mais íntimo da alma. Montfort toma outra cruz, passa entre os bancos e, apresentando-a a beijar, diz a cada um: "Eis teu Salvador, não tens bastante pesar por tê-lo ofendido?"

Em sua opinião, não há melhor meio para conservar viva e operante numa paróquia a lembrança de uma missão do que erguer um calvário ou uma cruz; assim, termina sempre suas missões por essa cerimônia. Frequentemente seu zelo é recompensado por prodígios nessas ocasiões.

5. APÓSTOLO DA CRUZ

No fim da missão em La Chevrollière, Montfort se sente seriamente enfermo. No entanto, pede formalmente que todos os exercícios se realizem, como de costume. Quando chegou a hora de plantar a cruz, ele pede que se acompanhe a procissão de pés descalços. Apesar do frio rigoroso, dá ele mesmo o exemplo e faz um trajeto bem longo na lama gelada. Depois da bênção, prega com uma força excepcional e no dia seguinte está curado...

A missão em La Rochelle obtém grande sucesso. Para eternizar a lembrança dessa vitória sobre o demônio, Montfort não achava ser demais erguer dois calvários. No momento da bênção do segundo, quando o povo entusiasmado ouvia as palavras de despedida do missionário, repentinamente ressoaram gritos: "Milagre! Milagre! Estamos vendo cruzes no céu". O prodígio foi visível durante quase 15 minutos.

Em Fontenay, tinha-se organizado uma procissão grandiosa por ocasião da elevação do calvário. Mas no último momento acumulam-se nuvens ameaçadoras, e o povo hesita em aderir ao cortejo. "Não temam nada, tranquiliza-os Montfort, o céu está conosco." Mal acaba ele de pronunciar estas palavras, as nuvens se dissipam e o sol brilha no céu.

Em certo lugar, o mais belo carvalho da região é abatido para se tornar uma cruz da missão. Preparada numa granja vizinha da igreja, constata-se ser essa cruz tão pesada que não se consegue levantá-la. O missionário se aproxima, toca a madeira, e os carregadores a erguem sem o menor esforço.

Em Roussay, paróquia da diocese de La Rochelle, a missão deve terminar pela colocação da cruz. Toda a população está reunida em torno do sinal sagrado da Redenção, ainda deitado no chão. Eis que começam a erguê-lo lentamente. De repente, as cordas se rompem, e o pesado carvalho cai no meio da multidão. Um grito de pavor sai de todos os lábios; uma única pessoa recebeu ligeiras contusões! "Meus filhinhos, fala com calma o missionário, digamos juntos: Deo gratias." Sua oração obteve mais um milagre.

Ao exaltar o amor da cruz, o missionário não tinha em vista somente a cruz do Cristo, mas também nossas próprias cruzes e provações. Ele mesmo pratica o que ensina. No hospital de Poitiers, prepara um local onde se farão exercícios espirituais; denomina-o: "A Sabedoria". Para acentuar bem o que significam para ele essas palavras, faz erguer uma grande cruz de madeira no meio do apartamento. Aí está o resumo das lições dadas aqui! Um dia, coloca no quarto um crucifixo sobre um leito de rosas. De joelhos, as visitantes meditam nas chagas do Redentor. A porta se abre, e o missionário, cheio de amor pelo Crucifixo, entra e cai de joelhos. Depois de um longo e terno olhar sobre o Cristo sofredor, exclama: "Meu Jesus, não foi um leito de rosas, mas de espinhos que, por amor de mim, escolhestes. Tendes sede de sofrer; vinde, pois, a meu coração, eu o entrego hoje à penitência". Voltando--se em seguida para as assistentes, diz-lhes: "E vocês, minhas filhas, não querem fazer o mesmo?" Todas aceitam a proposta e quando a Superiora vem avisar que a refeição está servida, ninguém se levanta. "Não almoçaremos, diz Montfort em nome de todos; dá nosso almoço aos pobres e traze-nos pão e água."

No tempo de Montfort, a mortificação cristã não era valorizada. O homem de Deus se sente chamado a lembrar ao mundo a inexorável palavra de Cristo: "Se alguém quer vir após mim, renuncie-se a si mesmo, tome sua cruz e siga-me". Daí, os exemplos heroicos de despojamento e de amor à cruz que enchem sua vida.

Para atrair a graça de Deus sobre seu ministério, impõe-se penitências incríveis. Um sacerdote, que foi algum tempo seu colaborador, considerava como um milagre que o missionário não sucumbisse sob o peso de tantas privações e mortificações. Um de seus amigos, o futuro Bispo de Oléron, afirma, por sua vez, que, de todos os prodígios atribuídos a Montfort, esse era, a seu ver, o maior. Em Sallertaine reservou para si o quarto menos confortável e mais miserável da casa. Um feixe de palha lhe servia de cama; uma pedra era seu travesseiro. Dormia três horas e ainda interrompia esse repouso por flagelações sangrentas. Com esse regime, fazia todos os dias dois grandes sermões e uma conferência de uma hora. O resto do tempo dedicava às lições de catecismo, à direção espiritual e às confissões.

"Padre, perguntava-lhe certo dia um de seus irmãos coadjutores, como se pode fazer penitência?" O homem de Deus nada dizia, mas descobrindo seu braço, mostra uma cadeia de ferro de pontas agudas, apertada com tanta força no braço, que penetrava profundamente na carne.

Montfort via nas provações o maior favor que Deus pode conceder-nos. Daí, esta palavra de despedida a um de seus amigos: "Desejo-te muitas cruzes!" Numa carta de ano novo, dirigida à Congregação da Sabedoria, fundada por ele, encontramos a mesma ideia: "Desejo-vos um ano cheio de combates e vitórias, de cruz, pobreza e desprezo".

5. APÓSTOLO DA CRUZ

Montfort não podia viver sem cruz; ela significava a seus olhos que Deus estava contente com seu operário e seu apostolado. Aconteceu, por exceção, que numa missão não se apresentara dificuldade alguma. O homem de Deus estava desorientado e falava mesmo em ir embora. Um de seus colaboradores tentou mostrar-lhe que não era razoável. É então que sai da boca de Montfort esta estranha e quase incrível palavra: "Não há cruz, que cruz!"

O Senhor saciou essa sede ardente de sofrimento: numa carta a sua irmã Luíza, Montfort escreve:

VIVA JESUS, VIVA SUA CRUZ!

Se conhecesses minuciosamente minhas cruzes e humilhações, duvido que desejasses tão ardentemente me ver; porque nunca vou a lugar algum sem dar um pedaço de minha cruz a meus melhores amigos para que a carreguem, muitas vezes contra a minha vontade e contra a deles. Ninguém pode apoiar-me ou ousar declarar-se a meu lado sem que sofra por isso. Um formigueiro de pecados e pecadores que eu ataco não me dá descanso nem a qualquer dos meus; sempre alerta, sempre sobre espinhos, sobre pedras agudas. Sou como uma bola no campo de jogo: mal

> foi jogada para um lado, jogam-na para o outro, chutando-a rudemente: é o destino de um pobre pecador. E assim não tenho sossego nem repouso há treze anos, desde que saí de Saint-Sulpice.

Sua paciência nas adversidades é admirável. Durante uma missão, cai doente: uma úlcera perigosa faz temer por sua vida. Transportam-no para o hospital de La Rochelle. Sente-se feliz por ficar nessa casa dos pobres, mas lamenta que o tratem com mais consideração do que aos outros doentes. Precisa sofrer uma operação extremamente penosa, seguida de longo, doloroso e humilhante tratamento. O paciente tudo suporta com alegria, para grande surpresa do médico. Quando lhe colocam a sonda, duas vezes por dia, faz como se nada sentisse, não dando sequer um gemido. Ao contrário, encoraja o cirurgião a não o poupar, assegurando-lhe que rezará por ele. Quando a dor atinge o máximo, entoa um de seus cânticos: "Viva Jesus, viva sua cruz! Oh, é bem justo que o amemos!..."

O que mais lhe custa é suportar injúrias; aceita-as com a maior paciência. Quanto heroísmo nos revelam certos episódios de sua vida!

5. APÓSTOLO DA CRUZ

Estava terminando a missão de Poitiers. Montfort se dispõe a queimar 500 maus livros que os fiéis lhe trouxeram: no mesmo lugar da fogueira será erigida a cruz da missão. Sem que ele o soubesse, pessoas mal-esclarecidas ou mal-intencionadas colocam uma figura de demônio em cima da fogueira. Um sacerdote, ciumento pelos sucessos do grande pregador, apressa-se a ir contar no bispado que o missionário vai queimar o diabo! Não será isso ridicularizar nossa santa religião? O Vigário--geral se felicita por ter enfim uma ocasião de manifestar seu descontentamento em relação ao homem de Deus. Vai à igreja onde Montfort se encontra no púlpito. Interrompe-o, proíbe--lhe de queimar os tais livros e o arrasa com as mais humilhantes repreensões. Montfort se ajoelha, baixa a cabeça e guarda silêncio. Depois da partida do prelado, o pregador diz simplesmente: "Meus irmãos, íamos erguer uma cruz à porta desta igreja. Deus não o quis, nossos superiores a isso se opõem. Ergamo-la em nossos corações! Estará em melhor lugar do que em qualquer outro". E começa a recitação do terço.

No dia do encerramento, à hora da missa solene, pede como diácono o sacerdote que o denunciou ao bispado e, em seu sermão de

• 65 •

despedida, diz aos fiéis: "Peço-lhes desculpas, meus caros irmãos, pelo escândalo que lhes dei ontem. Sem dúvida a falta foi minha, embora tenham informado mal a nossos superiores".

Montfort foi enviado um dia pelo bispo de Nantes à paróquia de La Chevrollière. O pároco recusava recebê-lo. Entretanto ia-se realizando a missão, e a população vinha cada dia mais numerosa ouvir os sermões. Durante uma das conferências, o pastor indigno entra no coro, revestido de sobrepeliz e estola. Dirigindo-se aos paroquianos, diz-lhes: "Estão vos ensinando tolices; seria melhor que ficásseis em vossas casas trabalhando para ganhar a vossa vida e a de vossos filhos". Enquanto isso, Montfort estava de joelhos, mãos juntas, no púlpito, e quando o pároco terminou, ele o cumprimentou respeitosamente, desceu do púlpito e, dirigindo-se para o altar, entoou o *Te Deum* para agradecer a Deus essa dura humilhação.

Alguns dias mais tarde – nessa mesma paróquia – o pároco, o coadjutor e alguns incrédulos esperam o missionário ao sair da igreja, cumulando-o de injúrias e grosserias. Montfort permanece calmo e digno: "Meus senhores, diz-lhes, apelo para o Juiz dos vivos e dos mortos por tudo de que acabais de me acusar. E peço a Deus que vos torne todos santos. Adeus, meus senhores!"

Antes de deixar, após a missão, essa paróquia onde havia sofrido tanto, foi despedir-se do pároco nestes termos: "Asseguro-vos que toda a minha vida rezarei por vós; o que vos devo é tanto que jamais me esquecerei. Sentir-me-ia muito feliz se encontrasse oportunidade de vos prestar algum serviço".

Uma moça da aristocracia estava certo dia se comportando muito irreverentemente na casa de Deus. Tendo o missionário a admoestado publicamente, ela, ao voltar a casa, conta tudo à sua mãe. Essa vai à igreja armada de um cacete. Ficando à espreita ao sair o padre, ela lhe diz palavras grosseiras, dando-lhe cinco ou seis pancadas com o cacete. "Minha senhora, diz-lhe Montfort, cumpri meu dever; era preciso que sua filha tivesse cumprido o seu."

Em Nantes, atraiu sobre si o ressentimento de alguns. Lançam-lhe pedras e o teriam matado se os transeuntes não tivessem intervindo. Esses quiseram punir os desclassificados. "Meus caros filhos, diz Montfort, deixem-nos ir; são mais dignos de pena do que vocês e eu."

Está, certo dia, pregando ao ar livre. Ouvem-se, de repente, algumas vozes sarcásticas: "É o louco do Montfort que está declamando outra vez". Os ouvintes do missionário vão punir os culpados, mas o bom padre os acalma, entoando um de seus cânticos: "Bendito seja Deus". Um pouco mais tarde, é atacado por um indivíduo que lhe dá uma bofetada. Querem apanhar o homem. "Deixem-no, meus filhinhos, diz Montfort, nós ainda o veremos." De fato, alguns dias mais tarde, o culpado vem, chorando, implorar seu perdão.

A ereção do Calvário de Pontchâteau custou-lhe uma provação crucificante; Montfort mostrou até que ponto pode ir a paciência heroica de um santo. O homem de Deus se propunha elevar nessa localidade um monumento grandioso ao Crucificado. Tratava-se de erguer uma colina em que dominaria triunfante uma cruz visível de todos os arredores. A população se pôs ao trabalho com entusiasmo. Lembram-se então de certos fenômenos observados nesse mesmo lugar em 1673, ano do nascimento de Montfort. Uma manhã de inverno, haviam aparecido cruzes luminosas justamente no lugar onde se projetava elevar o calvário. Ao mesmo tempo, ouviram-se trovões, com estrondos tão aterradores, que os rebanhos tinham voltado para os estábulos. Para terminar, uma melodia celeste, como a voz de milhares de anjos, encantara os ouvidos dos camponeses.

5. APÓSTOLO DA CRUZ

Quando Montfort teve conhecimento desse sinal do céu, seu ardor redobrou. Seu entusiasmo era comunicativo. Não era só da Bretanha que afluíam os operários, mas também da Normandia, da Vandeia, de Flandres e mesmo da Espanha. Traziam seu alimento e trabalhavam sem salário, por amor de Deus. Camponeses e operários trabalhavam ao lado de fidalgos e sacerdotes. Às vezes, contavam-se até cem pares de bois, transportando terra e pedras. No fim de 15 meses tudo estava pronto. Cerca de 20.000 homens haviam contribuído para o acabamento do calvário.

O homem de Deus tinha bastante razão para estar contente. Sobre um outeiro de 20 metros erguiam-se três cruzes gigantescas. Podiam ser vistas a doze milhas de distância. O missionário escolhera a data de 14 de setembro, festa da Exaltação da Cruz, para a bênção do calvário. Vinte mil peregrinos responderam a seu apelo. Na véspera da festa, ele se dedicava aos últimos preparativos, quando lhe entregaram uma carta do bispo de Nantes, proibindo a bênção...

Nem uma queixa. Procurou acalmar os peregrinos descontentes e partiu para Nantes na esperança de obter a suspensão da interdição. Viajou a noite toda; no dia seguinte, às 6 horas, chegava ao bispado. Mas o prelado mantém sua decisão.

O homem de Deus voltou a Pontchâteau sem nada ter obtido. Em lugar de desanimar, começa no domingo seguinte uma missão em Saint-Molf. Estavam sendo feitos os exercícios preparatórios, quando apareceu um eclesiástico, portador de uma segunda carta do bispo. Montfort deve suspender a missão e está proibido de pregar de agora em diante na diocese de Nantes. A essa notícia, brota uma lágrima de seus olhos e cai sobre o papel. Sem dizer palavra, ele dobra a carta e na mesma noite deixa a aldeia. No dia seguinte, batia à porta de um convento de Nantes, para fazer um retiro.

Aí, mais uma carta lhe chega; era do rei e ordenava a destruição do calvário de Pontchâteau. O pobre missionário cai de joelhos: "Deus seja bendito, murmura ele, nunca pensei na minha glória, mas na dele. Espero que ele me receba tão bem como se eu tivesse obtido sucesso!"

Vem visitar-lhe um amigo, Mr. des Bastières. "Pensei encontrá-lo, escreverá mais tarde, abatido de tristeza e me dispunha a fazer todo o possível para o consolar; mas fiquei bem surpreendido, quando o vi muito mais alegre e feliz do que eu; eu é que estava precisando ser consolado. Disse-lhe, rindo:

— O senhor se faz de forte e generoso. Está bem, contanto que não haja nisso nada de afetado.

— Não sou nem forte, nem generoso, responde, mas, graças a Deus, não estou triste nem aflito; estou contente.

— Então o senhor fica bem satisfeito que destruam seu calvário?

— Não estou nem satisfeito, nem zangado. Deus permitiu que eu o tenha mandado fazer; agora permite que seja destruído: seja 'bendito seu santo nome. Se dependesse de mim, o calvário ficaria firme até o fim do mundo; mas como depende imediatamente de Deus, seja feita sua vontade e não a minha. Preferiria mil vezes morrer, ó meu Deus, exclamou ele elevando as mãos e os olhos ao céu, a me opor jamais à vossa santa vontade.'"

Por amor à cruz, Montfort estabeleceu em muitos lugares a Confraria dos Amigos da Cruz. Seus membros se comprometiam a ser um modelo de perfeita paciência e mortificação. Foi a eles que dirigiu as páginas imortais da *Carta aos Amigos da Cruz*.

Consecration
de Soi même a Jesus christ
la Sagesse incarnée, par les
mains de marie.

ô Sagesse eternelle et incarnée, ô tres
aimable et adorable Jesus vrai dieu et vrai
homme, fils unique du pere eternel et de
marie toûiours vierge. Je vous adore profon-
dement dans le sein et les splendeurs de
votre pere pendant l'eternité, et dans le sein
virginal de marie, vôtre tres digne mere,
dans le tems de votre incarnation.

Je vous rend grace de ce que vous vous etes an-
nianti vous mêmes, en prenant la forme d'un
esclaue, pour me tirer du cruel esclauage du
demon. Je vous loüe et glorifie de ce que vous
auez bien voulu vous soumettre a marie vôtre
sainte mere en toutes choses, affin de me ren-
dre par elle vôtre fidele esclaue.
mais helas ingrat et infidele que Je suis, Je ne
vous ai pas gardé les voeux et les promesses
Je vous ai si solemnellement faites dans mon
baptesme; Je n'ai point rempli mes obligations

---

*Consagração a Jesus Cristo pelas mãos de Maria.
Página 143 do manuscrito de Montfort: O amor
da Sabedoria Eterna.*

6
CAVALEIRO DA IMACULADA

Quem reflete em tudo o que Montfort realizou nos poucos anos de sua vida sacerdotal olha para ele como para um gigante entre os santos. E, no entanto, vale também para ele o que escreve dos servos de Maria, em sua obra-prima: *O Tratado da Verdadeira Devoção à Santíssima Virgem:* "Se eles fazem alguma coisa exteriormente grande na aparência, levam muito mais em consideração as que fazem interiormente, dentro de si mesmos, em companhia de Nossa Senhora".

Como já observamos, Montfort manifestou-se, desde a mais tenra juventude, um filho modelar de Maria. Essa devoção cresceu com os anos. Amou e serviu Nossa Senhora com toda a impetuosidade de seu grande coração. As Irmãs da Cruz de Saint Brieuc assim se exprimem: "Ele tinha uma devoção tão grande a Nossa Senhora que nós considerávamos como que estando no lugar de sua paixão dominante". Resumindo, Montfort se situou entre os mais eminentes servos e apóstolos de Maria que o mundo conheceu.

Vivia em Maria. Só assim se pode explicar que Montfort não tenha sucumbido nas terríveis provações que encheram sua existência. É o segredo de sua felicidade no meio de todas as contrariedades. "Senhor Jesus, exclama em seu 'Tratado', como são amáveis vossos tabernáculos! O pássaro encontrou uma casa para si, e a andorinha um ninho para seus filhotes. Oh! Como é feliz o homem que mora na casa de Maria, onde fostes o primeiro a fazer vossa morada."

E Maria vivia nele. Confessava ele, um dia, ao Pe. Blain que Deus lhe tinha concedido uma graça muito especial: a presença de Jesus e de Maria no mais íntimo de sua alma. E a outra pessoa: que Maria lhe estava tão profundamente unida que não podia mover-se nem agir "senão nela, por ela e para ela".

Seu conhecimento de Maria e seu amor por ela se avivaram ainda mais pelas numerosas aparições com que Nossa Senhora o honrou.

Em La-Garnache, um coroinha vai chamá-lo, e não há resposta! Voltando, o menino conta que Montfort conversava com "uma bela Senhora branca que estava no ar".

Num outro dia, Montfort se atrasa para a missa. Mandam um menino bater à porta de seu quarto. Mais uma vez não há resposta. Olhando por uma fresta da porta, o menino vê uma senhora de branco, irradiando luz, elevada acima do solo e conversando com o missionário. Quando Montfort entra enfim na sacristia, o menino o acompanha com os olhos cheios de admiração. O homem de Deus percebe e, tendo sabido a causa, diz-lhe: "Muito bem, és feliz, tens o coração puro". Depois, traçando em sua testa o sinal da cruz, acrescenta: "Um dia irás ao céu". O menino levou uma vida angélica e morreu pouco depois.

O fato seguinte mostra a santa familiaridade que marcava as relações entre Montfort e Maria. Morreu o jumento que o acompanhava e que carregava os estandartes, quadros e imagens de que o homem de Deus se servia nas missões. Ele compra outro por 33 escudos. Apresentando-se um pouco mais tarde o comerciante para buscar seu dinheiro, encontra o missionário em conversação com uma senhora, aureolada de luz. Retira-se e volta para casa. No dia seguinte, seu cliente lhe explica que era Nossa Senhora que ele tinha visto. O homem de Deus acrescenta que havia comprado o jumento caro demais, pois a Virgem só lhe dera 30 escudos. Inútil dizer que o camponês tratou de não regatear com Maria Santíssima!

O amor de Montfort por Maria se manifestava de todas as maneiras. Trazia sempre consigo uma pequenina imagem da Virgem, a qual no momento de sua morte ainda apertará entre as mãos. É com predileção que chama Maria "sua boa Mãe" e, quando pronuncia estas palavras, fá-lo com tanta ternura que involuntariamente as pessoas ficam emocionadas. Numerosos são os cânticos que, nos momentos de lazer, compôs em honra de Maria. Esses poemas não têm todos o mesmo valor literário, mas todos, sem exceção, permanecem monumentos imperecíveis de seu culto por Maria, porque Montfort neles pôs toda a sua alma transbordante de amor por ela.

As festas de Maria são para ele verdadeiras festas, porque são dias especialmente consagrados à sua Mãe. Por nada deste mundo ele deixaria passar esses dias sem celebrar a missa.

Dois anos antes de sua morte, vai à diocese de Avranches no dia da Assunção. Pede ao bispo autorização para celebrar a missa na Catedral e pregar na diocese. "Não só não vos permito pregar em minha diocese, responde-lhe o prelado, mas vos proíbo mesmo de aqui celebrar a missa; e o maior prazer que me podeis fazer é retirar-vos o mais depressa possível." Montfort baixa a cabeça e vai-se embora. Fez nesse dia o que nunca havia feito em sua vida. Pede um carro e antes do meio-dia chega à diocese de Coutances. O pároco não tem grande confiança nesse estrangeiro, mas ele mostra tão grande espírito de fé, um amor tão ardente por Maria, que o sacerdote se tranquiliza e lhe permite oferecer o Santo Sacrifício.

Durante toda a vida ele mostra predileção pelos lugares de peregrinação de Nossa Senhora. Quando vai a Roma, visita a pequena Casa de Loreto. Fica como que em êxtase diante dessas paredes que abrigaram Maria, quando o anjo lhe anunciou a feliz nova, e onde ela envolveu o Filho de Deus com a natureza humana. Cada dia, durante sua missa na Casa Santa, via-se sua cabeça cercada de uma auréola. Decorreram quinze dias antes que conseguisse decidir-se a prosseguir viagem para a Cidade Eterna.

Montfort nasceu orador. O Pe. Vicente, Capuchinho, que trabalhou algum tempo com ele, coloca-o entre os "maiores pregadores do século". Ele narra: "Parecia-me ver um anjo ao ouvir falar o Pe. de Montfort: sua fisionomia brilhava e irradiava seu amor ardente; a língua não era mais do que o eco daquilo que o Espírito Santo lhe dizia ao coração; a voz, os gestos, o exterior manifestavam a presença de Deus e sua união com ele e diziam que o próprio Jesus Cristo falava por sua boca".

Essa eloquência atingia seu apogeu quando Montfort falava de Nossa Senhora. Um dos temas preferidos de suas pregações mariais era a devoção ao rosário. O Provincial dos Padres Dominicanos escreve a seu Superior-geral em Roma que Montfort fez entrar na Confraria do Rosário "uma infinidade de pessoas".

Montfort estava sempre munido de um grande terço e era muitas vezes chamado "o Padre do terço grande". Quando ele pregava uma missão em alguma paróquia, seu primeiro cuidado era suspender na igreja 15 estandartes, representando os mistérios do rosário. Servia-se deles para ensinar a devoção ao rosário. Todos os dias, em três momentos diferentes, fazia recitarem-no. Nas paróquias onde trabalhara, legava, como uma relíquia preciosa, a devoção ao terço.

O fato seguinte mostra qual era sua estima por essa prática. Certo dia teve de passar pela paróquia de Vallet, onde pregara uma missão de cinco anos antes. Pediram-lhe que se detivesse na localidade. "De modo algum, replica o homem de Deus, eles abandonaram meu rosário."

Montfort atribuía a maior parte dos admiráveis frutos de suas missões ao rosário. "Nunca, disse ele, um pecador me resistiu, uma vez que o tenha conquistado com o rosário."

Nossa Senhora gostava de recompensar de vez em quando, de uma maneira extraordinária, seu amor por essa oração. O bispo de

6. CAVALEIRO DA IMACULADA

La Rochelle tinha pedido ao missionário que fosse pregar uma missão na ilha d'Yeu. Quando o homem de Deus e seus companheiros quiseram embarcar, vieram adverti-los de que um grande perigo os ameaçava. Os calvinistas da ilha haviam subornado piratas para que atacassem o missionário. Esse não quis absolutamente levar em conta o aviso e queria partir de qualquer modo, mas seus companheiros se recusaram. Foi preciso esperar muito tempo uma nova ocasião. Nesse ínterim, um barqueiro se oferece para levá-los à ilha. Quando chegam ao alto-mar, percebem dois navios de piratas que se dirigem diretamente a eles. "Estamos perdidos", gritam todos juntos. Só Montfort fica tranquilo e entoa um dos seus cânticos. Ninguém tem coragem de cantar com ele. "Pois bem, insiste o missionário, já que não podem cantar, vamos recitar o rosário." Dizem um primeiro terço. Voltando-se para seus companheiros, Montfort lhes diz num tom calmo: "Não temam, meus amigos, nossa boa Mãe, a Virgem Santíssima, atendeu-nos; estamos fora de perigo!" "Fora de perigo!", replicam os marinheiros, "mas o inimigo está bem perto!" O grande servo de Maria, porém, está certo do que diz. "Confiança! O vento vai mudar!" Mal acaba de pronunciar essas palavras e os navios dos piratas são levados pelo vento e se desviam rapidamente. O rosário os tinha salvo!

Eis agora um prodígio na ordem da graça. Pelo fim de sua vida, Montfort embarca um dia para Ruão. Seus companheiros de viagem não são absolutamente edificantes. Para matar o tempo, têm conversas equívocas e cantam músicas inconvenientes. Finalmente, o homem de Deus não suporta mais. Prende o crucifixo em seu bastão de viagem, ajoelha-se e exclama: "Que todos os que amam Jesus Cristo o adorem comigo!" Respondem-lhe com zombarias. "Rezemos o rosário", diz Montfort ao irmão que o acompanha. E, sob uma avalanche de chacotas, os dois homens, cabeça descoberta, dizem o terço. Montfort se levanta então e convida os assistentes a rezar com ele. Ninguém se move, mas as zombarias se tornam mais raras, quando o missionário começa um segundo terço. Ao terceiro, todos estão de joelhos. Dóceis como crianças, repetem aquelas palavras, há tanto tempo esquecidas. Tais são as maravilhas que Montfort obtinha pelo rosário!

Primeira página do manuscrito de Montfort:
Tratado da Verdadeira Devoção à Santíssima Virgem.

7
MISSÃO GRANDIOSA

O Padre Faber, tão conhecido escritor ascético do último século, chama atenção para a missão particular que Montfort recebeu do céu. "Ele avança, novo Vicente Ferrer, como se estivesse nos dias próximos do julgamento final, e proclama que traz, da parte de Deus, a mensagem autêntica de maior honra, mais profundo conhecimento e amor mais ardente por Maria."

Montfort escreve essa mensagem no cabeçalho de sua obra-prima: *O Tratado da Verdadeira Devoção à Virgem Santíssima*. "Deus quer enfim que sua Santa Mãe seja agora mais do que nunca conhecida, amada e venerada." Segundo ele, chegou a hora em que Maria será honrada na terra como jamais foi desde que existe a Igreja; será, diz ele, o Reino de Maria. A missão grandiosa do grande servo de Nossa Senhora é preparar esse Reino.

Em sua concepção, esse Reino não é um fim em si; o Reino de Maria não é mais que um meio, escolhido por Deus, para o estabelecimento do Reino de Cristo. De que esse Reino de Cristo se fundará um dia Montfort está plenamente convencido. "Se, como é certo,

• 82 •

escreve em seu *Tratado*, o conhecimento e o Reino de Jesus Cristo vêm ao mundo, isso será uma consequência necessária do conhecimento e do reino da Virgem Maria."

Montfort sonha com esse Reino de Maria. Como ele aspira em seu *Tratado*:

> Ah! Quando virá esse feliz tempo, diz um santo de nossos dias, que estava totalmente entregue a Maria. Ah! Quando virá esse feliz tempo em que Maria será estabelecida senhora e soberana nos corações, para sujeitá-los plenamente ao império de seu grande e único Jesus? Quando será que as almas respirarão Maria como os corpos respiram o ar? Então, coisas maravilhosas acontecerão nesta nossa terra, quando o Espírito Santo, encontrando sua Esposa amada reproduzida nas almas, a elas virá abundantemente e as encherá de seus dons, e particularmente do dom de sua sabedoria, para operar maravilhas de graça. Meu caro irmão, quando virá esse tempo feliz e esse século de Maria, em que inúmeras almas escolhidas e obtidas do Altíssimo por Maria, perdendo-se a si mesmas no abismo de seu interior, tornar-se-ão cópias vivas de Maria, para amar e glorificar Jesus Cristo? Esse tempo só chegará quando se conhecer e praticar a devoção que eu ensino: "Ut adveniat regnum tuum, adveniat regnum Mariae".

As palavras "Esse tempo só chegará quando se conhecer e praticar a devoção que eu ensino" têm uma importância capital. Por essa devoção, Montfort entende a Perfeita Devoção à Virgem Santíssima ou escravidão de amor. Segundo Montfort, a prática generalizada da escravidão de amor a Nossa Senhora é o meio escolhido por Deus para a vinda do Reino de Maria.

Em diferentes lugares de seu *Tratado*, ele volta a essa tese. Depois de ter dito que Deus quer agora uma veneração maior de sua Mãe, acrescenta: "...o que acontecerá sem dúvida se os predestinados entrarem, com a graça e a luz do Espírito Santo, na prática interior e perfeita que lhes manifestarei a seguir". Tem ele em vista a Verdadeira Devoção ou a entrega total a Maria por amor. Luís Maria, segundo o uso de seu tempo, fala da "escravidão de amor".

Em outro lugar, assim se exprime:

> Sinto-me, mais que nunca, animado a crer e esperar tudo o que tenho profundamente gravado no coração, e que peço a Deus há muitos anos, isto é: que mais cedo ou mais tarde a Virgem Santíssima terá mais filhos, servos e total-consagrados, do que nunca, e que, por esse meio, Jesus Cristo, seu Mestre amado, reinará nos corações mais do que nunca.

7. MISSÃO GRANDIOSA

Montfort fala dos desígnios do Altíssimo com a convicção de um iniciado. Esses desígnios, tais como os vê, são extremamente simples: o Reino do Cristo se estabelecerá pelo Reino de Maria, e o Reino de Maria, pela propagação da consagração-total à Virgem Santíssima.

Que entende Montfort por essa devoção? Duas coisas. Em primeiro lugar, uma consagração a Maria, mas uma consagração de tudo o que se é e de tudo o que se possui, no tempo e na eternidade, em propriedade absoluta, por amor desinteressado.

Essa consagração estabelece a base da doação-total por amor. Sobre essa base deve-se construir uma vida em harmonia com a mesma consagração: uma vida de dependência total de Maria. Essa vida de dependência é o segundo elemento da entrega-total por amor.

Por que essa doação total a Maria? Porque Deus a estabeleceu Medianeira entre ele e nós. Conferiu-lhe a missão de dar Deus aos homens e os homens a Deus. E Montfort nos ensina a reconhecer e respeitar essa missão. Uma vez que o papel de Maria é conduzir os homens a Deus, nós nos damos a ela, a fim de lhe dar oportunidade de cumprir sua função.

E a "Virgem fiel" se desempenha admiravelmente de sua missão. Aquilo que lhe damos, ela oferece a Deus. Consagrar-se inteiramente a Maria, portanto, não é mais do que se dar totalmente a Deus. Assim, esta consagração--total é, em suma, uma renovação perfeita dos votos do batismo. No batismo, damo-nos ao Cristo pelos lábios de nossos padrinhos; nessa consagração nós mesmos o fazemos e nos damos ao Cristo da maneira mais perfeita, pelas mãos puras de nossa Mãe.

O escritor descreve com entusiasmo os efeitos dessa consagração, desde que seja bem vivida:

> "Não penses, alma caríssima, que Maria, a mais fecunda de todas as puras criaturas, e que chegou ao ponto de produzir um Deus, permaneça ociosa numa alma fiel. Fará vivê--la continuamente em Jesus Cristo e Jesus Cristo nela... Se Jesus Cristo tanto é o fruto de Maria em cada alma em particular como para todo o mundo em geral, é particularmente na alma em que ela habita que Jesus Cristo é seu fruto e sua obra-prima".

Uma vez que Montfort chegou à convicção de que essa devoção era o meio providencial de estabelecer o Reino de Jesus e de Maria, pôs toda a sua personalidade e incomparável atividade a serviço de sua propagação. Já narramos como, simples seminarista, organizou um grupo de total-consagrados por amor. Seu

7. MISSÃO GRANDIOSA

primeiro biógrafo, Grandet, atesta: "Estabelecia em todas as paróquias, em que pregava missão, a devoção à santa consagração a Jesus vivendo em Maria".

E não era só às pessoas piedosas que recomendava essa devoção. "Conheço, diz o Pe. de Bastières, grande número de pecadores escandalosos, a quem ele inspirou essa devoção em rezar todos os dias o rosário e que se converteram inteiramente."

Quando pregava uma missão, tinha o costume de organizar uma grande procissão. O missionário ficava junto ao altar de Nossa Senhora, tendo na mão a pequena imagem dessa boa Mãe que levava por toda parte. Cada fiel devia aproximar-se dele, beijar a imagem e fazer sua consagração a Maria nos seguintes termos: "Dou-me inteiramente a Jesus Cristo pelas mãos de Maria, para carregar minha cruz após ele todos os dias de minha vida". Os que renovavam dessa maneira suas promessas do batismo recebiam um contrato de aliança. Um lado da folha trazia o texto das promessas que se acabava de fazer, e o outro, uma espécie de regulamento de vida. Essa lembrança da missão constituía um resumo conciso dos sermões do missionário das obrigações que derivavam da consagração.

• 87 •

Montfort era um homem refletido e prático. Quis contribuir para o estabelecimento do Reino de Maria, mesmo após sua morte. Pensou, pois, em fixar sua doutrina, perpetuá-la num escrito. Sentia que não devia adiar muito esse projeto. Em 1711, os calvinistas de La Rochelle tinham tentado fazer desaparecer o apologista de Maria. Puseram veneno na bebida que Montfort devia tomar depois de seu sermão da manhã. Imediatamente depois de a ter tomado, o missionário tomou um contraveneno. Caiu gravemente doente, mas escapou da morte. A partir desse momento, não é mais o mesmo homem. Sua constituição física estava definitivamente minada; cinco anos mais tarde será levado ao cemitério.

Um ano após esse atentado, põe-se à obra. Escreve primeiramente – em três dias, conforme diz seu primeiro biógrafo – a brochura que conhecemos sob o nome de *Segredo de Maria*. Mas imagina um trabalho de maior envergadura. E assim nasceu, no outono de 1712, o mais belo livro que jamais se escreveu sobre a devoção a Maria: *O Tratado da Verdadeira Devoção à Virgem Santíssima*.

As primeiras palavras desse livro ressoam como um toque de clarim: "Foi pela Santíssima Virgem Maria que Jesus Cristo veio ao mun-

7. MISSÃO GRANDIOSA

do e é também por ela que ele deve reinar no mundo". O escritor não tem, pois, outro objetivo senão o estabelecimento do Reino de Maria. Quer, por esse livro, aumentar o número dos verdadeiros servos da Virgem. "Oh!, exclama ele, como é agradável e precioso aos olhos de Deus e de sua Santa Mãe quem assim se entrega à Virgem Santíssima, sem buscar-se a si mesmo nos serviços que lhe presta! Mas como é raro hoje em dia! É para que não seja mais tão raro que estou escrevendo." Ele deseja ardentemente a realização desse objetivo: "Se eu soubesse que meu sangue criminoso poderia servir para fazer com que entrassem no coração as verdades que escrevo em honra de minha querida Mãe e soberana Senhora..., dele me serviria em lugar de tinta para imprimir essas palavras".

Montfort está profundamente convencido da excelência da consagração-total por amor: "Protesto em alta voz, escreve ele, que, tendo lido quase todos os livros que tratam da devoção à Santíssima Virgem e tendo conversado familiarmente com os maiores santos e sábios desses últimos tempos, não conheci prática de devoção a Nossa Senhora semelhante a essa a que me refiro".

E, quando ele descreve o que é realmente essa devoção, tão magistralmente o faz que o Papa Bento XV designará mais tarde seu Tra-

• 89 •

tado como: "um livro da maior importância e cheio da mais suave unção". Por seu lado, um grande mariólogo de nosso tempo, Pe. Roschini, chamá-lo-á, na revista internacional *Marianum* (julho 1941): "um livro acima de qualquer elogio e destinado a ser o manual de todo verdadeiro servo da Virgem Maria".

8
PROFETA

"Há poucos homens no século XVIII, diz o Pe. Faber, que tragam mais fortemente gravados em si os sinais do homem da Providência do que esse outro Elias, Missionário do Espírito Santo e de Maria." Por esses sinais, o escritor entende os dons de profecia e de milagres, que Deus concedeu a Montfort, numa excepcional medida.

Quem lê o *Tratado da Verdadeira Devoção* fica impressionado com o espírito profético de que são impregnadas essas páginas. Montfort aí fala várias vezes como alguém a quem Deus revelou o futuro, alguém que sabe não estar enganado, porque viu. Este escrito é obra de um profeta.

Por essas profecias, Deus atrai sobre esse livro a atenção dos cristãos. As verdadeiras profecias, de fato, só podem vir de Deus. Se o *Tratado* está cheio delas, e essas profecias se realizam, é uma prova inegável de que a Providência divina abençoou especialmente esse livro.

Ora, uma dessas profecias se realizou de maneira admirável, tornando-se assim uma garantia da autenticidade das outras. É um fato talvez único na história: no próprio *Tratado*, o apóstolo anuncia a sorte dessa obra depois de sua morte. E o faz com tal precisão e tantos detalhes, que o profeta se transforma em historiador relatando, com mais de um século de antecedência, o sucesso e o insucesso de sua obra.

> Prevejo bem, diz Montfort, feras encolerizadas, que vêm furiosas para estraçalhar com seus dentes diabólicos esse pequeno escrito e aquele de quem o Espírito Santo se serviu para escrevê-lo, ou pelo menos para envolvê-lo nas trevas e no silêncio de um cofre, a fim de que ele não apareça. Atacarão até aqueles e aquelas que o lerem e o puserem em prática (N. 114).

Essa predição se realizou literalmente. Por suas insinuações e calúnias, jansenistas e ímpios tentaram todos "estraçalhar com seus dentes diabólicos" o homem de Deus e sua doutrina. E o fazem com tal sucesso que o livro não é publicado. Após a morte do missionário, eles dirigem seus ataques contra "aqueles e aquelas que o lerem e o puserem em prática". Em primeiro lugar os Filhos de Montfort, os Padres Monfortinos. Seus inimigos conseguem retardar a aprovação real de seu Instituto até 1773, tendo o Fundador morrido em 1716.

8. PROFETA

Quando finalmente se concede essa aprovação é com uma cláusula: que o número dos missionários não exceda doze. Nesse tempo, os espíritos estavam em tão más disposições, que a publicação de um livro como o *Tratado* teria comprometido a própria existência da Congregação.

Daí ter permanecido inédita a obra-prima de Montfort. Em 1789, aproxima-se a grande Revolução Francesa. A casa-mãe dos Monfortinos iria, por sua vez, conhecer a tormenta. Duas vezes foi incendiada. Puderam, entretanto, reunir e pôr em segurança os documentos mais preciosos, entre os quais a obra de Montfort. Sem dúvida, essas precauções foram tomadas muito apressadamente, o que explicaria ter sido rasgado o precioso livro! De fato, sendo encontrado o *Tratado*, constatou-se que a primeira parte do manuscrito desaparecera. Igualmente, certas páginas do fim do livro nunca foram encontradas.

O *Tratado* foi guardado num cofre e encerrado num esconderijo subterrâneo. Confirmava-se assim o que Montfort havia predito 80 anos antes: seu livro seria "sepultado nas trevas e no silêncio de um cofre".

Estava, pois, realizada a predição concernente à colocação de sua obra num túmulo. Mas Montfort tinha anunciado também sua ressurreição:

> Mas não importa, escreve em seu *Tratado*, tanto melhor! Isso me encoraja e me faz esperar um grande sucesso, isto é, um grande esquadrão de corajosos e bravos soldados de um e outro sexo, para combater o mundo, o diabo e a natureza corrompida, nos tempos mais que nunca perigosos que vão chegar (N. 114).

Essa predição realizou-se, por sua vez, de modo notável. Num dado momento, ninguém saberia dizer o que tinha acontecido com o *Tratado*, quando, em 1842, um religioso da casa-mãe o encontrou inesperadamente. Imediatamente se propagou de maneira espantosa o pequeno e maravilhoso livro.

O arauto do Reino de Maria tem, portanto, todo direito de falar; ele preparou seus títulos de crédito. Se nos declara que o Reino de Cristo só pode vir através do Reino de Maria, e que o Reino de Maria só pode estabelecer-se pela doação total a Maria, é uma mensagem digna de fé. De fato, ele baseou suas afirmações em predições que se realizaram do modo mais evidente, ou que ainda se cumprem diante de nossos olhos todos os dias.

Montfort demonstrou a autenticidade de sua missão por muitas outras profecias. Sua vida está cheia delas. Pouco depois de sua ordenação, ele viaja de Paris a Orléans. Encontravam-se no navio três homens cuja conversa é saturada de frases blasfemas e desonestas. Montfort protesta. Vendo sem efeito seus protestos, anuncia-lhes num tom profético que a mão de Deus não tardará a se abater sobre eles. Poucos dias depois, dois desses homens são gravemente feridos num duelo; quanto ao terceiro, morre vítima de seus excessos.

Durante a missão de Bréal, o homem de Deus vê alguém tratar sua mulher brutalmente. Faz o possível para acalmar a cólera do marido. Esse apodera-se de um machado e ameaça abater o missionário, quando repentinamente seu braço se endurece e a arma lhe cai das mãos. Essa intervenção repentina de Deus excita ainda mais a raiva do infeliz, que se põe a cobrir o santo sacerdote de insultos. Vendo-o em tão más disposições, Montfort lhe prediz que terá uma morte miserável. Pouco tempo depois, o malvado perde todos os seus bens e, abandonado por todos, morre num feixe de palha, abrigado por um estrangeiro.

Durante outra missão, encontra um usuário que se recusava a anular seus contratos injustos. Montfort lhe diz: "O Sr. e sua mulher estão apegados aos bens da terra; desprezam os do céu; pois bem, seus filhos não terão sorte, não deixarão posteridade, e os senhores morrerão miseráveis. Não terão nem mesmo com que pagar seu próprio enterro". "Oh!, responde a mulher, alguns centavos haverão de nos restar para que toquem os sinos por nós." "E eu lhes digo, responde o missionário, que os sinos não tocarão nos funerais dos senhores." Alguns anos após, essas pessoas estavam arruinadas. Um morreu em 1730, o outro em 1738, mas ambos na Quinta-feira Santa, de modo que os sinos não puderam tocar em seus enterros, que se deram no dia seguinte, na Sexta-feira Santa.

Em 1714, ele tenta em vão obter licença para pregar uma missão em Rennes. Ao se retirar da cidade, onde passara seus anos de estudante, compõe uma ode em que prediz todas as calamidades que fulminarão a cidade infiel. Seis anos depois, Rennes foi em grande parte destruída por um incêndio que durou dez dias e dez noites.

As predições de Montfort não são sempre tão negras. Seu confessor, o Pe. de La Tour, pede-lhe certa manhã que celebre a missa pela Sra. d'Armagnac, esposa do governador de Poitiers: estava desenganada pelos médicos. Depois da missa, ele diz a seu confessor que a doente não morrerá. O Padre o incumbiu de comunicar essa boa notícia à senhora. Montfort obedece. "A senhora, diz ele, não morrerá

8. PROFETA

desta moléstia. Deus quer deixá-la na terra e prolongar seus dias, para continuar a praticar a caridade com os pobres." De fato, a Sra. D'Armagnac melhorou dentro de pouco tempo e ainda viveu doze anos.

De outra vez, é a marquesa de Bouillé que está doente, prestes a morrer. Montfort a visita, ajoelha-se diante de seu crucifixo e reza durante alguns instantes. Ao se levantar, diz ao pai: "Meu senhor, não se aflija, sua filha não vai morrer". Ela realmente ficou curada e mais tarde deu à Congregação das Irmãs, fundada por Montfort, a primeira casa que possuíram em St. Laurent-sur-Sèvre.

Tinham oferecido a seu amigo Blain uma paróquia em Ruão. O Cônego consultou seu antigo colega, que lhe respondeu: "Você ocupará esse cargo, terá lá muitas cruzes, depois o deixará". Tudo se passou como havia predito.

Muitas vezes o homem de Deus recebeu luzes sobre o futuro de suas obras. Havia em Poitiers um parque público, no qual se cometiam as mais graves desordens. Em 1706, no fim de uma missão, Montfort predisse que esse lugar seria, um dia, um lugar de oração, onde se estabeleceriam religiosas. Ora, em 1778, as Filhas da Sabedoria, fundada por Montfort, tomaram ali a direção de um hospital para doentes incuráveis.

• 97 •

O missionário queria erguer um calvário em sua cidade natal e ali fazer um lugar de peregrinação. Os trabalhos corriam bem, quando uma ordem da autoridade veio interromper tudo: "Não querem que este lugar seja santificado, replicou o missionário; pois bem, um dia ele se tornará um lugar de oração". Meio século mais tarde surge nesse lugar a atual igreja paroquial.

Quando, no fim de uma missão na diocese de Luçon, queria implantar a cruz, essa parecia ser demasiadamente frágil. "Não temam nada, diz Montfort, ela subsistirá até a próxima missão." De fato, a cruz se manteve até 1775. Ao terminar a missão pregada nesse ano, deliberavam sobre o local da nova cruz da missão; não se pensava em tocar na velha cruz erguida por Montfort. Estavam ainda indecisos, quando uma violenta tempestade se levantou e derrubou a cruz. O local da nova cruz estava, pois, indicado e em conformidade com a predição feita uns 50 anos antes.

Seus dons proféticos lhe permitiram ainda conhecer o futuro das congregações religiosas que fundou. As duas primeiras Irmãs de sua Congregação feminina, as Filhas da Sabedoria, moravam, em 1704, no hospital de Poitiers. No momento de partir desse hospital, Montfort exortou suas Filhas: "Não saiam

8. PROFETA

desta casa antes de decorridos dez anos. Ainda que a instalação das Filhas da Sabedoria só se fizesse depois desse tempo, Deus estaria satisfeito". Efetivamente, só em 1715, em La Rochelle, é que as religiosas adquiriram seu primeiro convento.

Uma das Irmãs deplorava que parecessem infrutuosas tantas provações sofridas no hospital de Poitiers. "Minha filha, replica o fundador, console-se. Não foi tudo perdido, como crê, no hospital de Poitiers. Serão novamente chamadas para lá, voltarão e lá permanecerão." Realmente, alguns anos mais tarde, Irmã Maria Luísa deixava La Rochelle e voltava ao hospital de Poitiers.

A prodigiosa extensão da Congregação da Sabedoria foi igualmente prevista por seu fundador. Um dia, ele falava às Irmãs, quando repentinamente se detém. Sua fisionomia brilha como a de um anjo, e ele exclama: "Ah! Minhas filhas, Deus me faz conhecer neste instante grandes coisas! Vejo, nos decretos de Deus, um viveiro de Filhas da Sabedoria". As Filhas da Sabedoria, dispersas hoje por todas as latitudes, são a realização viva desta profecia.

O Senhor lhe mostrou também o futuro de sua Congregação de homens. Um dia, de passagem num Seminário de Paris, ele fala aos jo-

• 99 •

vens sobre a fundação que tem em vista. Brus-camente se levanta e pergunta quem quer ser dos seus. Em seguida, fixando os seminaristas, põe seu chapéu na cabeça de um deles e pre-diz: "É este, ele é bom; ele me pertence; será meu". Sete anos mais tarde, quando Montfort já repousava há quatro anos no túmulo, Pe. de Vallois entrou para os Monfortinos.

Finalmente, Deus deu a Montfort um pres-sentimento de seu fim próximo. No princípio do ano de 1716, alguém lhe pediu que obti-vesse do céu um favor especial. "Eu pedirei a Deus, prometeu Montfort, com tantas vigílias, jejuns e orações que ele me concederá e mor-rerei antes de terminado o ano; lembre-se do que lhe prometo."

Poucos meses depois, Montfort deixa, de fato, este mundo, para contemplar face a face, no céu, o que já tinha visto na terra, "como num espelho".

9
TAUMATURGO

O Senhor quis autenticar a missão grandiosa de Montfort não só pelo dom de profecia, mas ainda pelo de milagres.

Por meio de Maria, o santo sacerdote havia atingido uma união muito íntima com nosso Senhor: seu amor por ele tinha crescido a tal ponto que com frequência esquecia-se completamente da terra, para se perder e se consumar em seu Deus e seu Tudo.

Em viagem, guardava habitualmente o silêncio. Andava de cabeça descoberta, por respeito à presença de Deus, olhos pregados no crucifixo. Muitas vezes pedia ao Irmão que o acompanhava que se adiantasse um pouco. Se acontecia que o Irmão voltasse para trás, surpreendia-o então de joelhos, rosto em terra, mergulhado em adoração.

Impossível contar o número de êxtases que teve em sua vida. Um dia, celebrava a missa no Seminário Maior de Luçon. Depois da consagração, o acólito percebeu que o celebrante permanecia imóvel, mãos juntas: parecia inteiramente absorto numa visão celeste. Em vão o seminarista tentou chamá-lo a si e se teria dito que o homem de Deus havia perdido o contato com a terra. Finalmente, puxando-lhe a extremidade da casula, interromperam um êxtase que durara três quartos de hora.

Em Fontenay, uma mulher dirige-se à sacristia para falar com o missionário. Surpreende Montfort elevado acima do solo, com a face radiante de felicidade. Percebendo a mulher, ele desce suavemente ao chão e, como o êxtase terminava, diz à visitante: "Ah, minha boa senhora, como me prejudicou!"

Em Villers-en-Plaine conserva-se também a lembrança de seus êxtases. Certo dia, almoça no castelo e depois da refeição vai ao jardim. Como sua ausência se prolonga demais, um servo vai procurá-lo. Descobre o sacerdote de joelhos, com os braços cruzados no peito, elevado dois metros acima do solo. Na igreja de Villers foram igualmente testemunhas de um de seus êxtases.

Esse homem, absorto em Deus, participava às vezes da onisciência divina. Em St. Brieuc pregava um retiro. Em seu auditório, encontravam-se duas jovens que tinham grande aversão pela vida religiosa. Montfort as vê, chama-as por seus nomes e as recomenda às orações dos assistentes. "Em breve, prediz,

9. TAUMATURGO

elas pertencerão a Jesus e a Maria." De fato, algum tempo depois, elas entram na Ordem das Ursulinas.

Montfort prega em Bouguenais. O jumento que levava sua bagagem pasta tranquilamente num campo da aldeia. Um dia, o animal cai na água e está quase se afogando. O homem de Deus se encontrava nesse momento no púlpito. Mas nem as paredes, nem a grande distância o impedem de ter conhecimento do perigo. Interrompe a pregação: "Dois homens de boa vontade, grita ele, meu jumento está se afogando". Foi bastante difícil trazer o animal para a terra firme.

Aconteceu-lhe hospedar-se na casa de um amigo em Rennes. Muita gente vinha vê-lo, e todas essas visitas ocasionavam certas despesas aos que o hospedavam. A dona da casa se queixava com sua mãe, quando repentinamente o missionário se aproxima. Num tom jovial, ele se informa sobre o assunto da conversa. A jovem senhora tenta responder evasivamente: "Padre, haverá algum mal em que uma filha converse com sua mãe?" "Não, replica o sacerdote, mau é o espírito de interesse que inspirava a conversa."

O quarto do Irmão que o acompanhava achava-se numa outra ala da casa. Uma noite,

• 103 •

esse Irmão permitiu-se contar a uma empregada muitas particularidades da vida do sacerdote. No dia seguinte, Montfort lhe recusou a comunhão e lhe disse: "O Sr. violou a regra que lhe ordena recolher-se às nove horas e falou sobre mim indiscretamente com a doméstica da casa".

Se esse homem extraordinário ouve a distância, sabe, quando necessário, fazer-se ouvir também a distância. Deveria pregar em Saint Amand os perigos das danças públicas. Como a igreja não pudesse conter os fiéis que acorreram de toda parte, Montfort leva o auditório para o pleno campo. Vendo que se acotovelavam para estar mais perto dele e não perder nenhuma de suas palavras, dá a seguinte ordem: "Fique cada um onde está; Deus permitirá que todos me compreendam". E, de fato, deu-se o prodígio! Mesmo os mais afastados puderam acompanhar sem dificuldade as palavras do pregador.

Os mais diversos fatos prodigiosos acontecem durante as viagens apostólicas do missionário. Deve pregar uma missão em Sallertaine. Ao entrar na aldeia é ultrajado e recebido a pedradas. Dirige-se à igreja; haviam fechado suas portas. Impassível, volta-se para a cruz erguida no meio da aldeia. Permanece de joe-

9. TAUMATURGO

lhos alguns instantes e... as portas da igreja se abrem por si mesmas.

Em Roussay, prega contra os escândalos provocados pelo luxo. O castelão do lugar se sente visado e manda prender o missionário. No dia seguinte, querem visitá-lo na prisão; o homem de Deus não está mais aí, embora as portas estejam fechadas. No mesmo momento está ele... no púlpito da igreja paroquial.

Em outro lugar, é um oficial que lhe guarda rancor. Coloca em volta da casa do missionário uma forte guarda, para impedi-lo de sair. Os fiéis lamentam que o Padre não possa celebrar a missa, quando de repente os sinos da igreja soam sozinhos, e o missionário entra na sacristia: havia passado pelo corpo da guarda como um ser invisível.

Como seu divino Mestre, Montfort passa fazendo o bem por toda parte. Em Fontenay, a filha do tesoureiro da igreja está doente há muito tempo; Montfort lê sobre ela o Evangelho, e ela se sente curada.

Em St. Amand, levam-lhe muitos enfermos; lê também sobre eles o Evangelho e vários são libertos de seu mal.

Em outro lugar, apresentam ao missionário uma menina que sofre de penosa inflamação dos olhos há quatro semanas. O homem de Deus manda buscar água, benze-a e diz à doente que molhe os olhos. No mesmo momento ela se sente melhor, e na noite seguinte a cura é completa.

À saída de uma igreja de Paris, uma pobre mulher o aborda. Leva uma criança que sofre de horrível afecção da pele. Nenhum médico pôde curar a menina. Montfort diz à mulher:

— A senhora crê que os sacerdotes de Jesus Cristo têm o poder de curar em nome de seu Mestre?

— Sim, Sr. Padre, eu creio.

— Minha filha, que o Senhor a cure e recompense em você a fé de sua mãe.

No mesmo momento a menina estava curada.

Um de seus Irmãos estava doente a tal ponto que se falava de administrar-lhe os últimos sacramentos. O missionário o visita e lhe pergunta:

— Pedro, onde é que você se sente mal?

— Em todo o corpo.

— Dê-me a mão.

— Impossível.

— Volte-se para este lado.

— Não posso me mover.

— Você crê?

— Ai de mim, Padre, gostaria de ter mais fé do que tenho.

9. TAUMATURGO

— Quer obedecer?

— De todo o coração.

Então o homem de Deus põe a mão na fronte do doente: "Eu lhe ordeno que se levante dentro de uma hora e que nos sirva à mesa".

Uma hora mais tarde, o Irmão havia deixado o leito e retomado seu serviço.

Em certos momentos, a vida desse homem prodigioso parece um milagre perpétuo. Foi o que aconteceu principalmente durante a elevação do grande Calvário de Pontchâteau. O cântico composto por Montfort nessa ocasião parece anunciar essas maravilhas.

> Oh, nesse lugar ver-se-ão maravilhas!
> Quantas conversões,
> curas, graças sem igual!
> Façamos aqui um calvário!
> Façamos um calvário!

Um dos problemas que se apresentavam era o abastecimento de centenas de pobres que acorriam a Pontchâteau, problema tanto mais árduo por ser o ano de 1709, um ano de fome na França. Verdadeiro pai dos pobres, o santo empreendedor ia pessoalmente de porta em porta e voltava sempre bem carregado. Mas, por fim, os fazendeiros tinham dificuldade em continuar dando. Um deles vê, certo dia, o missionário se dirigir ao seu sítio. Diz aos seus: "Aí vem mais uma vez aquele bom Padre. Não quero recusar-lhe nada, mas nossas provisões estão se acabando. Vou esconder-me no estábulo; digam-lhe que estou ausente por muito tempo". Montfort se apresenta e chama o fazendeiro. "Acaba de sair, responde a mulher, e não voltará tão cedo." – "Por que querem enganar-me?, replica o missionário; então não o ouvi dizer, quando eu estava perto da fonte, que ele ia esconder-se no estábulo?" Ora, a fonte se achava a algumas centenas de metros da casa. A essas palavras, o fazendeiro sai de seu esconderijo. "Perdão, Padre, não tentarei mais enganá-lo. Enquanto eu tiver um pedaço de pão, dividirei com o senhor." – "O Sr. não perde nada com isso, assegura-lhe o amável mendigo, o pão que me der não diminuirá sua provisão de trigo, e Deus o abençoará e a seus filhos." De fato, o camponês continuou a dar, sem nunca faltar nada, e sua família goza de prosperidade constante.

Nos arredores de Pontchâteau vivia uma viúva que jamais tinha recusado algo a Montfort. Um dia, no entanto, ela constata que não possui mais nada. Tem de resignar-se a despedir o missionário de mãos vazias. Por de-

9. TAUMATURGO

sencargo de consciência, abre mais uma vez o guarda-comida e que prodígio! Encontra uma fornada de pães. Fica tão impressionada com essa multiplicação prodigiosa, que se põe inteiramente à disposição do missionário. Este a encarrega de cuidar dos pobres durante suas ausências. Desse dia em diante, ela prepara as merendas sem contar; o pão que ela começou a cortar não diminui. Mas no dia em que Montfort deixa definitivamente Pontchâteau, ela perde seu poder misterioso. "Agora, na casa dela é como na casa das outras", dizem as vizinhas.

O Pe. de Montfort obtinha todos esses prodígios por intermédio daquela que é a Dispensadora de todo bem, daquela que lhe aparecia tão frequentemente. Muitas vezes, enquanto ele supervisionava os trabalhos no calvário, tinham visto a seu lado uma senhora de beleza deslumbrante. Interrogado, ele declarava que era Nossa Senhora. Um dia, tinha ele avisado a uma viúva que iria jantar em sua casa. A mulher preparara uma sopa e viu o missionário chegar em companhia de uma senhora. Apressa-se a colocar mais um talher na mesa. Tendo Montfort entrado sozinho, a viúva se informa onde ficara aquela que o acompanhava.

"Então, a senhora a viu, responde o sacerdote muito admirado. Mulher feliz, permaneça sempre como é, para merecer ver sempre a Virgem Santíssima."

10
FUNDADOR

Um homem como Montfort "poderoso em palavras e em obras" era grande demais para morrer; ele sobreviverá em três congregações religiosas.

Com seis meses de sacerdócio já sente a vocação de fundador. "Não posso, escreve a seu guia espiritual, diante das necessidades da Igreja, deixar de implorar continuamente com gemidos uma pequena e pobre sociedade de bons sacerdotes, que, sob a bandeira e a proteção de Nossa Senhora, possam ir de paróquia em paróquia dar catecismo aos pobres camponeses." Três anos mais tarde, pede a um amigo, Claude Poullart des Places, futuro Fundador da Congregação do Espírito Santo, que se una a ele. O amigo recusa, mas promete a Montfort formar, em seu seminário recentemente fundado, sacerdotes que poderão se unir a ele. O homem de Deus se entrega à Providência e parte para Roma. Fala com o Papa sobre seus planos e o Santo Padre lhe concede sua bênção. A partir desse momento, o missionário se dá de corpo e alma à obra das missões.

• 111 •

Nada, entretanto, pode fazer-lhe esquecer seu grande sonho: sua Congregação de sacerdotes de Maria. Em 1713, em plena atividade apostólica, volta a Paris. Poullart des Places morrera, mas seus sucessores renovam a promessa feita pelo Fundador. Cheio de felicidade, Montfort quer sancionar essa convenção por uma lembrança: Uma Virgem, abrindo largamente o manto, sob o qual se abrigam doze sacerdotes. Com as mãos juntas, erguem o olhar para a Mãe Santíssima, felizes por serem admitidos em sua Companhia. Essa imagem será sempre venerada como uma relíquia. Os seminaristas tomarão o hábito de nunca deixar a casa sem ajoelhar-se diante da imagem da Virgem de Montfort.

Em sua última visita, vários estudantes tinham prometido ao Missionário entrar um dia em seu instituto; nenhum podia comprometer-se a fazê-lo imediatamente. O homem de Deus vai embora mais uma vez e sempre sozinho. No ano seguinte, tenta ganhar para sua causa um íntimo amigo de juventude, o Cônego Blain. Trabalho perdido. Apesar de tudo, o Fundador não desanima. Um de seus primeiros biógrafos, o Pe. Besnard, S.S.M., narra: "Não contente de oferecer suas orações e o Santo Sacrifício pela realização dessa obra tão grande e santa, fazia, nessa intenção, jejuns, peregrinações, a que

10. FUNDADOR

acrescentava a voz de suas lágrimas na oração, e mesmo a do sangue de cruéis macerações".

O santo sacerdote está profundamente convencido de que Deus o atenderá um dia. Em 1713, dá uma prova manifesta dessa confiança, redigindo a regra de sua Congregação, embora nenhum sacerdote se tenha ainda reunido a ele. A introdução dessa regra é conhecida sob o nome de "Oração abrasada". O Pe. Faber testemunha: "Depois das epístolas dos apóstolos, seria difícil encontrar palavras tão ardentes". E Henri Brémond se pergunta: "Pode-se imaginar familiaridade mais sublime, mais impetuosa com o Eterno?"

O que Montfort quer é uma Congregação de missionários, missionários de Maria.

> Senhor Jesus, suplica ele, lembrai-vos de dar à vossa Mãe uma nova sociedade, para renovar por ela todas as coisas, e para terminar por Maria os anos da graça, como começastes por ela.
> *Da matri tuae liberos, alioquin moriar:* dai filhos e servos a vossa Mãe, do contrário, eu morro...

Montfort queria fundar uma congregação que não seria constituída só de sacerdotes, mas também de irmãos; seus primeiros adeptos pertencerão à segunda categoria.

Em 1705, ele está em Poitiers. Um dia, fica impressionado com a piedade de um homem que reza o terço. Diz-lhe estas palavras: "Segue-me". O interpelado tinha vindo a Poitiers com a intenção de entrar para os Padres Capuchinhos, mas, na palavra de Montfort, vê o apelo do próprio Deus e imediatamente se une ao missionário. Durante cinquenta anos, Irmão Mathurin seguirá Montfort e seus Filhos e ensinará catecismo em suas missões. Seus escrúpulos o impediram, entretanto, de se ligar por votos.

Em 1715 somente, um ano antes da morte, Montfort encontra um sacerdote para sua Congregação. Padre Vatel está a caminho para as missões estrangeiras. Seu navio faz escala em La Rochelle e o viajante aproveita para ver o grande missionário; encontra-o no púlpito. Padre Vatel observa o pregador e acha sua reputação de grande orador um tanto exagerada. De repente, Montfort se detém: "Há alguém aqui, exclama ele, que resiste a mim. Sinto que a palavra de Deus volta a mim, mas ele não me escapará". Padre Vatel se sente visado. Depois do sermão, dirige-se para onde está Montfort e o encontra ocupado em ler uma carta na qual um colaborador se desculpa por não poder ir ajudá-lo. "Bom, diz ele a seu visitante, aqui está um sacerdote que falta à palavra comigo; e Deus me envia outro. Venha comigo, Padre, trabalharemos juntos." – "Impossível, replica o interlocutor, estou de viagem para as missões estrangeiras." Montfort o persuade a segui-lo, e, durante trinta e três anos, Pe. Vatel pregará missões por toda parte.

O Fundador encontra, algum tempo depois, um segundo sacerdote para sua Congregação. O Pe. Mulot viera pedir-lhe que pregasse uma missão na paróquia de seu irmão em St. Pompain: "Se o Sr. quer seguir-me, diz o missionário, e trabalhar comigo o resto de sua vida, irei à paróquia de seu irmão, do contrário, não irei". O sacerdote se desculpa: está impossibilitado, sofre de asma, de enxaquecas violentas, de insônia. O outro o encoraja: "Todos os seus males desaparecerão quando tiver começado a trabalhar para a salvação das almas". Essas palavras proféticas causam impressão: Pe. Mulot se associa a Montfort, recupera a saúde e prega 220 missões...

Montfort imaginava uma Congregação que faria grande bem na Igreja; era, pois, necessário rezar com fervor e perseverança para obter tal fundação. Sob a direção dos Pes. Mulot e Vatel, enviou em peregrinação a Notre-Dame des Ardilliers, próximo de Saumur, 33 membros de uma Confraria estabelecida por ele mesmo sob o nome de "Penitentes brancos". Deu-lhes um regulamento detalhado. "Fica-se estupefato, escreve um biógrafo do Santo, diante do esforço pedido, durante uma semana inteira, a trinta e três homens que não eram monges."

O missionário indica antes de tudo o objetivo da viagem: "Primeiramente, os Srs. só visarão nesta peregrinação: 1º obter de Deus, por intercessão da Virgem Maria, bons missionários que sigam as pegadas dos Apóstolos por total abandono à Providência e a prática de todas as virtudes, sob a proteção da Virgem Santíssima; 2º o dom da Sabedoria..." Prescreve-lhes o jejum cotidiano, a oração em comum, a meditação e os cânticos durante a viagem. Essas instruções foram seguidas ao pé da letra. Sempre a pé e frequentemente de cabeça descoberta, "fazíamos, narra o Pe. Mulot, 7 léguas por dia. O povo acorria em multidão e chorava ao ver tal espetáculo". De fato, era como Montfort havia predito, "um espetáculo digno de Deus, dos anjos e dos homens".

Poucos meses após, o apóstolo está no leito de morte. Sua Congregação se compõe de 4 Irmãos, engajados por votos. Os dois sacerdotes chamados a continuar sua obra nunca

10. FUNDADOR

haviam pregado até então. Como poderá, desse núcleo tão pouco representativo, germinar a poderosa Congregação que ele tão luminosamente descreveu em sua "Oração abrasada"?

O Fundador não duvida: aperta a mão do Pe. Mulot na sua e lhe diz: "O Sr. continuará minha obra". O Padre objeta sua falta de forças e inexperiência. "Tenha confiança, meu filho, tenha confiança, repete o moribundo, eu pedirei a Deus." Essas palavras eletrizaram o Pe. Mulot. Nomeado primeiro sucessor de Montfort, em 1722, fez tanto bem à jovem Congregação que foi chamado, com razão, seu segundo Fundador.

Montfort tinha duas grandes devoções. Se denominava sua congregação de homens Companhia de Maria, era por devoção a Nossa Senhora. Os monfortinos deverão continuar a grande missão do Fundador e estender o Reino de Maria por toda a terra.

Ora, Maria é o caminho para Jesus, que o Santo gostava de contemplar como a Sabedoria Eterna. Montfort é o autor de um livro intitulado: *O Amor da Divina Sabedoria*. Uma manifestação dessa devoção, viva homenagem à Sabedoria, será sua Congregação de mulheres, à qual deu o nome de "Filhas da Sabedoria".

Os membros dessa Congregação devem tornar-se, no espírito do Fundador, imagens vivas de Jesus, a Eterna Sabedoria. Deverão calcar aos pés a sabedoria do mundo e seguir em tudo a verdadeira sabedoria, a sabedoria do Evangelho, a sabedoria que se manifesta numa vida oculta e mortificada.

Montfort não era somente um grande apóstolo de Maria, mas também o pai dos pobres e dos humildes. Encarrega seus Filhos de continuar seu apostolado marial; a suas Filhas confiou o cuidado dos pobres, dos enfermos e das crianças que lhe eram tão caros. O cuidado dos doentes e o ensino constituirão o fim específico das Filhas da Sabedoria.

O Fundador encontrou a futura cofundadora, Maria Luísa Trichet, em Poitiers, no ano de 1701. Maria Luísa, com a idade de 17 anos, filha do Procurador da cidade, vai confessar-se com o missionário. "Quem a enviou a mim?", pergunta o confessor. "Foi minha irmã", responde-lhe ela. "Você se engana, minha filha, diz o homem de Deus, foi Nossa Senhora." Quando a mãe soube que Maria Luísa se confessava com o missionário, não ocultou seu descontentamento: "Você se tornará louca como ele". De fato, Maria Luísa devia contrair a loucura de seu confessor, loucura da cruz, que aos olhos de Deus é suprema sabedoria.

• 118 •

10. FUNDADOR

Um dia, Maria Luísa pergunta: "Padre, onde está me chamando a vontade de Deus?" – "Vá morar no hospital", foi a resposta. E a jovem deixou sua casa aristocrática para levar uma vida reclusa, em sua própria cidade, no meio das misérias físicas e morais do hospital de Poitiers. Um mês mais tarde, o Fundador a revestia do novo hábito religioso, feito de uma fazenda cinza-escura grosseira. Depois da vestição, mandou Maria Luísa percorrer as ruas de Poitiers, calcando assim aos pés todo respeito humano. Foi um escândalo para toda a cidade, e se perguntavam se a filha do Procurador enlouquecera. Fora de si, a mãe foi procurar o confessor de Maria Luísa. "Minha senhora, diz-lhe ele simplesmente, sua filha não lhe pertence mais; é de Deus."

Dois anos depois, o capelão foi definitivamente despedido do hospital, e lhe foi em breve proibida sua permanência na diocese. Maria Luísa, com seu hábito singular, ficou sozinha; atendia os pobres com aquela dedicação e amor que tinha aprendido de seu Pai espiritual. Muitos anos mais tarde, uma companheira tomou o hábito das Filhas da Sabedoria.

Só muito raramente Montfort dava notícias suas às religiosas. No fim de 1714, no entanto, chamou-as a La Rochelle, para aí abrir uma escola primária.

• 119 •

> É verdade que as senhoras fazem muito bem em suas terras, escrevia o Santo, mas farão bem muito maior em outros lugares... Sei que terão dificuldades a vencer; mas é preciso que uma iniciativa que dá tanta glória a Deus e é tão proveitosa ao próximo seja semeada de espinhos e cruzes, e, se não se arrisca alguma coisa por Deus, nada de grande se faz por ele.

Em 1715, as duas Irmãs se estabeleceram em La Rochelle, onde Montfort vem vê-las. "Estou encantado, minhas caras Filhas, diz-lhes ele, vendo-as revestidas deste santo hábito da Sabedoria." Nomeou Irmã Maria Luísa superiora da Congregação. Por coincidência, oferece-se à sua vista o espetáculo de uma galinha com seus pintinhos. Apontando-a com o dedo, diz à jovem superiora:

> Veja, minha filha, veja essa galinha com seus pintinhos debaixo das asas; com que atenção cuida deles, com que bondade os acaricia! Pois bem, é assim que a senhora deve fazer e se comportar com todas as Filhas de que de agora em diante será a Mãe.

Numa segunda visita, feita alguns meses após, Montfort entrega a Maria Luísa a regra que deverão observar. Depois de a ter lido, o

Reitor do Colégio de La Rochelle testemunha: "Quem observar esta Regra será um anjo".

Um pouco mais tarde, ele insiste com uma postulante que não tarde a se unir a suas Filhas:

> A graça do Espírito Santo não tolera demora. Deus, que ordena alguma coisa à sua criatura, fala-lhe suavemente e não quer forçar sua liberdade. Mas quanto mais se demora a fazer o que ele pede tão delicadamente, mais ele diminuirá seu chamado... Não diga: depois da vindima obedecerei a Deus; porque faria uma cruel injúria a esse grande Senhor.

E introduz na carta um bilhete para o pai da postulante:

> Sr. Régnier, saudações em Jesus Cristo. Peço-lhe que não se oponha à vontade de Deus quanto à filha que ele depositou em suas mãos. Ela só foi sua para que a guardasse até o dia de hoje na inocência do batismo, como o fez muito bem. Mas não pode prendê-la: ela é um bem de Deus; um bem de outrem, que o Sr. não pode roubar impunemente. Se a sacrificar a Deus, como esses pais e mães que, conforme a história lhe ensina, sacrificaram generosamente seus filhos e filhas únicos a Deus, como Abraão, quantas bênçãos vejo prestes a cair sobre sua pessoa e tudo o que lhe pertence.

Essa postulante tomou o hábito alguns meses depois, ao mesmo tempo que uma quarta companheira.

Grandes foram as dificuldades contra as quais a pequena Congregação teve de lutar no princípio. A primeira casa em La Rochelle era excessivamente pequena e ameaçava ruir. A superiora escreve ao Fundador a esse respeito. Esse responde alguns dias antes de sua morte:

> Eu adoro a conduta justa e amorosa da divina Sabedoria sobre seu pequeno rebanho, que habita em lugar tão apertado entre os homens, para habitar e se ocultar bem largamente em seu divino Coração que foi traspassado para isso... Se a senhora é discípula da Sabedoria e a eleita entre mil, como seu abandono, seu desprezo, sua pobreza e seu suposto cativeiro lhe parecerão suaves, uma vez que, com todas essas coisas de valor, adquire a sabedoria, a liberdade, a divindade do Coração de Jesus sacrificado... Eu a trago comigo no altar e por toda parte. Não a esquecerei nunca, contanto que ame minha cruz amada, na qual lhe estou unido.

Era o testamento que Montfort legava a suas Filhas, o testamento de um Santo!

11
COMO MORRE UM SANTO

Quando os 33 Penitentes regressaram da peregrinação a Saumur, o próprio Montfort vai a seu santuário preferido, aos pés de Notre-Dame des Ardilliers. O fim de sua peregrinação era o mesmo que o dos Penitentes: obter missionários para sua Companhia de Maria. Cheio de felicidade, ajoelha-se diante da milagrosa Senhora, e a mesma voz que tinha ouvido outrora, em Rennes, dizer-lhe: "Serás sacerdote" dava-lhe desta vez a certeza de que outros sacerdotes se associariam a ele, em sua Congregação, para continuar a obra.

Com o coração cheio de gratidão, o apóstolo de Maria deixa o santuário para dirigir-se a Saint-Laurent-sur-Sèvre. É lá que vai pregar sua última missão e morrer. Lá cairá em terra como o grão de trigo, para produzir frutos ao cêntuplo. São testemunhas dessa colheita as casas-mães de suas Congregações, que, guardiãs de seu túmulo, enviaram para o mundo inteiro milhares de Sacerdotes, Irmãos e Irmãs, para continuar seu apostolado.

Acompanhado de um Irmão, chega a essa aldeia a 1º de abril de 1716. Hospeda-se numa pequena casa pouco confortável que puseram à sua disposição. Dorme sobre palha. Caminhando errante ao longo da margem do Sèvre, descobre uma gruta solitária e é aí que vai macerar o corpo por flagelações, cujas marcas de sangue permaneceram muito tempo visíveis na pedra. Esse é o método dos santos para atrair a graça divina sobre suas obras.

A missão devia iniciar-se a 3 de abril, dia de Ramos. Antes da missa solene, vê-se Montfort ajoelhar-se diante do altar de Maria. Entoa-se o hino "Vexilla Regis" ("Avança o estandarte do Rei"), e a procissão, com a cruz à frente, põe-se em marcha. O grande amante da cruz está em êxtase; levanta-se, toma o Sinal da Redenção das mãos do acólito e percorre a igreja à frente do cortejo. Foi esse seu primeiro sermão.

A palavra do missionário penetra profundamente no coração do humilde povo da aldeia. Sem tardar, ele funda duas confrarias, uma de moças, outra de homens. Como em toda parte, é auxiliado por Maria, que se digna aparecer-lhe também em Saint-Laurent. Um dia, um paroquiano vai à sacristia na intenção de se confessar. Aí surpreende o Padre em conversa com uma senhora vestida de branco. Como o visitante se desculpa, o missionário

11. COMO MORRE UM SANTO

lhe diz: "Meu amigo, eu me entretinha com Maria, minha boa Mãe".

Naquele tempo, uma missão era um acontecimento importante para toda uma região. Embora ajudado por 4 sacerdotes, Montfort é sobrecarregado de trabalho. Suas forças se esgotam visivelmente, e ainda o Bispo anuncia sua visita. O missionário quer aproveitar essa ocasião para inculcar no povo um profundo respeito pela autoridade religiosa. Organiza uma procissão grandiosa que vai ao encontro do Prelado.

Tudo corria muito bem, mas o homem de Deus estava no auge do esgotamento. Era-lhe impossível comparecer ao almoço. Estando anunciado um sermão para a tarde, Montfort quer cumprir seu dever até o fim. Reunindo todas as forças, arrasta-se para o púlpito. Devorado pela febre, quase sem fôlego, ele fala. Como tema escolheu: a bondade de Jesus. Pouco a pouco, anima-se, recupera plenamente a voz e sua evocação do amor da Eterna Sabedoria é tão tocante que uma emoção profunda se apossa do auditório. Finalmente, todos choram copiosamente. Era o último triunfo do incomparável missionário e apóstolo.

Depois do sermão foi preciso levá-lo para casa. Uma pleurisia maligna ia pôr fim, em poucos dias, a essa vida tão preciosa. Ele queria morrer em seu miserável leito, mas seu

• 125 •

confessor se opôs. Estendido num colchão pobre, recebeu os últimos sacramentos. Segundo seu primeiro biógrafo, recebeu-os "em sentimentos de piedade, tais como se podia esperar de um sacerdote que vivera com a pureza de um anjo e trabalhara com o zelo de um apóstolo".

Ditou seu testamento: o corpo seria sepultado no cemitério, e o coração repousaria debaixo do altar da Virgem. A 28 de abril, quase às 4 horas, aproximava-se rapidamente o fim. Quando o povo soube dessa triste notícia, locomoveu-se para o quarto do moribundo. "Façam-nos entrar", ordenou o missionário, que queria até o último minuto estar à disposição do povo de Deus. Todos se lançaram de joelhos pedindo sua bênção. Mas ele, que sempre se denominara "o maior dos pecadores", não se achava digno de abençoar a multidão. Tendo o Pe. Mulot lhe proposto abençoar com o crucifixo, imediatamente o moribundo traçou uma grande cruz sobre os visitantes. Três vezes o apartamento se enche, e três vezes a comovente cena se repete.

Montfort continua missionário até o fim: considera seu dever falar uma última vez a essa gente querida e entoa, com uma voz quase extinta, um de seus cânticos: "Vamos, meus caros amigos, vamos ao paraíso! Por mais que se ganhe aqui, vale mais o paraíso".

11. COMO MORRE UM SANTO

Tendo sido uma luta sem tréguas a vida desse soldado do Cristo, é lutando que vai morrer. Por um momento, permanece imóvel, depois exclama repentinamente: "É em vão que tu me atacas! Estou entre Jesus e Maria. *Deo gratias et Mariae.* Estou no fim de minha carreira: acabou-se, não pecarei mais!" Ainda uma vez ele pousa os lábios no crucifixo e na pequena imagem de Nossa Senhora e vai para o céu, para aí receber de Jesus e de sua Mãe a recompensa por seus trabalhos e sofrimentos. Tinha apenas 43 anos. Foi uma verdadeira consternação em St. Laurent e redondezas. "Então, morreu o santo Pe. Montfort", diziam-se uns aos outros, recusando-se a admitir o golpe que acabavam de receber.

O enterro se deu no dia seguinte. Todos os sacerdotes dos arredores se sentiram no dever de prestar ao defunto as honras supremas. Calcula-se em aproximadamente 10.000 o número dos fiéis presentes aos funerais. Quando se pensa que na Vandeia as aldeias são muito distantes umas das outras e que os meios de comunicação eram bem primitivos, essa afluência impressionante é uma prova tangível da impressão indelével que o missionário tinha deixado nesses lugares.

Efígie em cera, representando Luís Maria
no seu leito de morte.

Sua memória não foi honrada somente em Saint-Laurent, mas também em La Rochelle, na igreja dos Padres Jesuítas, onde foi feita uma oração fúnebre. Compuseram-se cânticos em honra do grande missionário e se difundiram por toda parte gravuras e estampas que o representavam; sugeriram escrever sua biografia. Era tão grande a veneração por Montfort, que o chefe da diocese foi obrigado a intervir, para impedir que prestassem a esse servo de Deus honras reservadas pela Igreja aos Santos.

Com a autorização do Bispo, foram exumados os despojos mortais um ano após, a 12 de novembro de 1717. Logo que se tocou o caixão, espalhou-se na igreja um suave odor; o corpo do santo sacerdote ainda estava intacto, tanto que o Pe. Decano reconheceu facilmente os traços do missionário. Montfort foi colocado então num mausoléu, elevado acima do solo. A tempestade da Revolução Francesa devastou tudo o que a Vandeia tinha de mais caro e sagrado, mas o túmulo do apóstolo não foi profanado.

Imediatamente após sua morte, teve-se o cuidado de fazer os relatórios dos favores obtidos por intercessão do Servo de Deus. Em 1718, notários reais e apostólicos redigiram, para a diocese de Poitiers, a lista das intervenções milagrosas atribuídas ao santo missionário. Observavam-se favores em toda parte. A primeira biografia do Servo de Deus, por Grandet (1724), relata grande número deles.

Ter-se-ia esperado que um homem que provou a santidade de sua vida por tantos milagres, que desde sua morte recebeu tantos sinais de respeito e veneração, tivesse sido sem tardar julgado digno da honra dos altares. A Providência dispôs de outro modo. Somente em agosto de 1829 – portanto mais de cem anos após a morte do Servo de Deus –, fez-se em Luçon, diante de um tribunal episcopal, o inquérito sobre as virtudes e os milagres de Montfort. A última sessão se realizou em St. Laurent, em julho de 1830. Alguns meses depois, dois Padres Monfortinos levaram a Roma as peças do dossiê ao mesmo tempo que uma súplica do Bispo de Luçon e de vinte outros Cardeais, Arcebispos e Bispos da França, que pediam ao Papa que procedesse à beatificação.

A 7 de setembro de 1838, Sua Santidade Gregório XVI concedeu a Montfort o título de Venerável e permitiu à Congregação dos Ritos introduzir o processo de beatificação. Um ano depois, o exame de "non-cultus" estava termi-

11. COMO MORRE UM SANTO

nado. O exame dos escritos se abre em 1841. Parcialmente, em razão da tormenta revolucionária de 1848, só em 1853 a Congregação Romana pôde pronunciar-se sobre as obras do Servo de Deus.

A 29 de setembro de 1869, Pio IX publicou o decreto sobre a heroicidade das virtudes e autorizou o exame dos quatro milagres exigidos para toda beatificação. Decorreram-se anos. Um novo Papa ocupava a Cátedra de S. Pedro, o grande Leão XIII. Em 1888, esse último devia festejar seu jubileu de ouro sacerdotal. Por essa ocasião, Sua Santidade quis dar à Igreja novos intercessores: pessoalmente ele se interessou pela Causa de Montfort. Em fevereiro de 1886, o Papa declarava aceitáveis os quatro milagres; em novembro do mesmo ano, no dia da Apresentação, ordenou ele proceder aos trabalhos preparatórios da beatificação; essa se deu a 22 de janeiro de 1888.

A razão principal da data tardia de sua glorificação deve ser encontrada no fato de que devia ela efetuar-se na sua hora, quando a missão desse santo homem estivesse cumprida. A canonização de Montfort não podia ser declarada antes de ter chegado o "século de Maria", anunciado e preparado por ele. O processo de canonização foi começado em 1928. Os milagres foram reconhecidos em 1942; o decreto "de tuto" foi emitido em maio de 1945, e a canonização propriamente se deu a 20 de julho de 1947, por sua santidade Pio XII.

12
NÃO MORREREI

Montfort continua vivo!

Na introdução da Regra que Montfort fez para a sua Congregação da Companhia de Maria (Padres Monfortinos), ele escreve: "A confiança que tenho em vossa misericórdia leva-me a dizer como um outro: não morrerei, mas viverei e publicarei as obras do Senhor". É mais uma profecia que se realizou. Três séculos depois de São Luís Maria nascer, ele não morreu.

Ele continua vivo nas Congregações que fundou. A Companhia de Maria conta hoje com muitos membros entre padres e irmãos. Eles trabalham nas Américas (Estados Unidos, Canadá, Colômbia, Argentina, Equador, Peru, Nicarágua e Brasil); na Europa (França, Alemanha, Áustria, Holanda, Bélgica, Dinamarca, Espanha, Inglaterra, Irlanda, Itália, Iugoslávia, Islândia e Portugal); na Austrália (Papuásia); na Ásia (Índia, Indonésia e Filipinas); na África (Zaire, Uganda, Madagascar, Malavi e Moçambique).

Ele continua vivo também nas 50 biografias que relatam sua vida e em seus próprios

• 133 •

escritos conhecidos pelo mundo inteiro. O seu *Tratado da Verdadeira Devoção à Santíssima Virgem* foi traduzido em mais de 30 línguas.

Esse livro inspirou o fundador da Legião de Maria. O manual da Legião (24ª edição brasileira, p. 69) afirma: "Nenhum santo desempenhou papel mais importante no progresso da Legião. O Manual está cheio de seu espírito. As orações são eco das suas palavras". O Cardeal belga Suenens cita a opinião do padre Morineau: "A Legião de Maria é vós, São Luís Maria, voltado à terra e percorrendo o mundo, de um lado a outro, para ganhar todos os homens para Cristo".

O *Tratado* de Montfort é um destes livros como a *Imitação de Cristo e As glórias de Maria*, que trazem o perfume do Espírito Santo. Parece que Nossa Senhora mesma teve a iniciativa de dar um maravilhoso comentário do *Tratado* no *Manual do Movimento Sacerdotal Mariano*.

O Movimento Mariano recebeu até 1989 a inscrição de 300 bispos e 60.000 sacerdotes. Milhões de leigos se inscreveram também. O "Movimento" é por toda parte conhecido pelos "Cenáculos" nas igrejas e nas casas.

Montfort e o Papa São João Paulo II

A vida de Frank Duff com a sua Legião, o apostolado do Pe. Gobbi com o "Movimento Mariano" e a obra de tantos outros dos últimos tempos são como a continuação da missão de Montfort. Eles nos mostram que realmente Montfort não morreu. Mas ninguém testemunhou o quanto Montfort está vivo e atuando em nossos dias, como o Papa São João Paulo II!

No ano de 1982, um jornalista francês publicou um livro: "Não tenhais medo!" O subtítulo: "André Frossard dialogando com São João Paulo II". Naquele livro encontramos, nas páginas 184-188, o que o Papa falou *literalmente* sobre Montfort e o seu *Tratado*. Vamos acompanhar aqui alguns trechos:

> A leitura deste livro (o *Tratado*) foi uma volta decisiva em minha vida. Eu falo "volta", se bem que se trate duma longa subida interior, que acompanhava minha preparação clandestina para o sacerdócio. Foi nesta época que o *Tratado* chegou a minhas mãos.
>
> É um daqueles livros que não basta "ler". Eu me lembro de que o levei muito tem-

po comigo, até na fábrica de soda, com o resultado de manchas na bonita capa. Sempre de novo voltava a determinados trechos. Logo reparei que sob a forma barroca do livro se falava de coisa fundamental. A consequência foi que a devoção de minha infância e mesmo de minha juventude para com a Mãe de Cristo ganhou uma nova dimensão: uma devoção que sobe do mais profundo de minha fé, como do próprio coração da realidade trinitária e cristológica. Enquanto antes me mostrava reservado, com medo de que a devoção a Maria pudesse deixar Cristo na sombra, em vez de lhe dar prioridade, entendi agora, à luz do *Tratado* de Grignion de Montfort, que a realidade é totalmente diferente.

Na medida em que minha vida interior se dirigia à realidade da Redenção, a entrega a Maria, no espírito de Luís Grignion de Montfort, parecia-me o melhor meio para tornar-se eficiente e frutuosamente participante desta Redenção e para haurir as suas inefáveis riquezas e distribuí-las a outros.

A devoção a Maria, que tomou assim uma forma determinada..., continuou viva em mim. Ela tornou-se uma parte integrante de minha vida interior e de meu conhecimento espiritual de Deus.

Até aqui as próprias palavras do Papa que resumiu todo o *Tratado* e a sua vida nas palavras de seu Brasão: "Totus tuus" (Sou inteiramente vosso). Depois disso, ninguém ficará surpreso em ler na Encíclica "A Mãe do Redentor", do ano 1987:

> É-me grato recordar, dentre as muitas testemunhas e mestres de tal espiritualidade, a figura de São Luís Maria Grignion de Montfort, o qual propõe aos cristãos a Consagração a Cristo pelas mãos de Maria como meio eficaz para viver fielmente os compromissos batismais (N. 48).

Montfort, Doutor da Igreja?

A Sagrada Congregação para as Causas dos Santos, do Vaticano, fez uma reunião plenária no ano de 1981, para discutir os critérios na escolha e proclamação de novos "Doutores da Igreja".

A partir desse momento, de todas as partes da terra, chegaram cartas ao Santo Padre, para proclamar Montfort Doutor da Igreja.

Esse momento atingiu seu apogeu no IX Congresso Mariano Internacional em Malta, em 1983. No encerramento, foi mandado para o Papa um pedido para proclamar Montfort Doutor da Igreja. O pedido traz a assinatura de 120 delegados, representando 24 países:

Lemos nesta carta:

> Nós, assinantes, que somos na maioria teólogos e membros de estudos marianos de vários países, queremos unir nossa voz aos muitos pedidos que já foram feitos por Cardeais, Bispos, Superiores-Gerais de Congregações Religiosas, Conferências Episcopais e diferentes grupos que desejam que Luís de Montfort seja proclamado, se a Igreja o julgar oportuno, Doutor da Igreja.

Montfort abrindo caminho

Montfort, como que extasiado, contemplando no horizonte a realização de seu grande sonho: a realização do Reino de Jesus pelo Reino de Maria, pede a Deus companheiros e seguidores numa oração que precede a Regra de sua Congregação. Uma oração cheia do fogo do Espírito Santo, que foi universalmente conhecida como *"Oração abrasada"*. Ela termina assim:

12. NÃO MORREREI

Erguei-vos, Senhor; por que pareceis dormir? Erguei-vos com todo o vosso poder, com toda a vossa misericórdia e justiça, para formar-vos uma Companhia seleta de guardas que cuidem da vossa casa, defendam a vossa glória e salvem tantas almas que custam todo o vosso sangue, para que só haja um aprisco e um Pastor e que todos vos rendam glória em vosso Santo Templo. Amém.

CRONOLOGIA

1673	31 de janeiro. Nascimento de Luís Maria em Montfort - sur - Meu.
1695	Estudante do Seminário Saint--Sulpice em Paris.
1700	6 de junho. Primeira Missa no altar da SSma. Virgem da igreja de Saint-Sulpice.
1701	Capelão do hospital de Poitiers.
1703	Montfort reveste Maria Luísa Trichet do novo hábito religioso.
1704	"Tratado do Amor da Sabedoria Eterna."
1705	O primeiro Irmão: F. Mathurin.
1706	O Papa Clemente XI recebe Montfort e lhe confere o título de "Missionário Apostólico".
1708	"Carta aos Amigos da Cruz."
1709-1710	Trabalhos do Calvário de Pontchâteau.
1712	"Tratado da Verdadeira Devoção à SSma. Virgem."

1715	Montfort encontra Padre Mulot, primeiro superior da Companhia de Maria (Padres Monfortinos).
1716	28 de abril. Morte em Saint-Laurent - sur - Sèvre (Vendée).
1947	20 de julho. Montfort declarado Santo pelo Papa Pio XII.

ÍNDICE

Palavras iniciais 5

Apresentação.. 7

Prefácio 11

1. Tu serás sacerdote 18

2. Deus só! 25

3. Pai dos pobres 34

4. Soldado do Cristo.................................... 45

5. Apóstolo da Cruz.................................... 57

6. Cavaleiro da Imaculada........................... 73

7. Missão grandiosa 82

8. Profeta 91

9. Taumaturgo 101

10. Fundador 111

11. Como morre um santo........................... 123

12. Não morrerei 133

Cronologia.. 141